Astrid Thiele-Petersen / Rainer Franke

Mein Leben und die Bibel

Lebensrelevante Konfi-Arbeit mit
erfahrungsorientierten Methoden

Mit 38 Abbildungen

Vandenhoeck & Ruprecht

Bibliografische Information der Deutschen Nationalbibliothek:
Die Deutsche Nationalbibliothek verzeichnet diese Publikation in der
Deutschen Nationalbibliografie; detaillierte bibliografische Daten sind
im Internet über http://dnb.de abrufbar.

© 2019, Vandenhoeck & Ruprecht GmbH & Co. KG, Theaterstraße 13, D-37073 Göttingen
Alle Rechte vorbehalten. Das Werk und seine Teile sind urheberrechtlich
geschützt. Jede Verwertung in anderen als den gesetzlich zugelassenen Fällen
bedarf der vorherigen schriftlichen Einwilligung des Verlages.

Umschlagabbildung: © Rawpixel.com – Shutterstock
Alle Abbildungen: © Astrid Thiele-Petersen; Abbildungen (S. 99–102): © Meike Clausen;
Grafiken (S. 86 + 142): © Rainer Franke

Satz: SchwabScantechnik, Göttingen
Druck und Bindung: ⊕ Hubert & Co. BuchPartner, Göttingen
Printed in the EU

Vandenhoeck & Ruprecht Verlage | www.vandenhoeck-ruprecht-verlage.com

ISBN 978-3-525-62445-6

Inhalt

Einleitung 9
Was will dieses Buch (nicht)? 9
Hinweise zur Verwendung des Buches 10

A Theoretischer Ansatz

1 Lebensrelevanz in der Konfi-Arbeit 15
1.1 Konfis als Experten für ihre Lebenswelt 15
1.2 Entwicklungspsychologische Erkenntnisse für das Konfi-Alter 18
1.3 Konfi-Arbeit als Teil des Schöpfungsprozesses 20
1.4 Bedeutsame individuelle Erfahrungen der Konfis und
     ihre Symbolisierungen 22
1.5 Individuelle biografische Themen und der Schutz der Privatsphäre 25

**2 Biblische Geschichten, christliche Traditionen und Rituale
     in der Konfirmandenarbeit** 29
2.1 Das Verständnis biblischer Texte als symbolischer Ausdruck
     existenzieller Erfahrungen 29
2.2 Religiöse Bildung und die Entwicklungsaufgaben Jugendlicher ... 32
2.3 Spirituelle Gemeinschaftserfahrungen und ihre Bedeutung für
     das Leben der Jugendlichen 34

3 Der Ansatz erfahrungsorientierter Methoden mit Konfis 39
3.1 Verknüpfung mit eigenen Lebenserfahrungen 39
3.2 Resonanzerfahrungen ermöglichen 40
3.3 Mit allen Sinnen, kreativ, ganzheitlich aktiv, individuell und
     inklusiv 42
3.4 Spielerische Erprobung als Erweiterung von Handlungs-
     spielräumen 44
3.5 Übersicht über gestalterische und darstellerische erfahrungs-
     orientierte Methoden 45

B Methoden und Entwürfe für Konfi-Stunden

4 Vorbereitung einer erfahrungsorientierten Konfi-Einheit – 7 Schritte vom Thema zum Stundenablauf 51
4.1 Die Konfis und das Thema 51
4.2 Welcher Bibeltext passt zu diesem Thema? 53
4.3 Exegese und Analyse des Bibeltextes 53
4.4 Mit welcher Methode bringe ich die Konfis mit dem Bibeltext in Berührung? 55
4.5 Theologische Gespräche mit Konfis führen 56
4.6 Welche Reflexionsmethode ist geeignet? 57
4.7 Organisation: Einsatz von Teamern, Ablaufplan, Material 58

5 Entwürfe für Konfi-Stunden zu Erfahrungswelten Jugendlicher 59
5.1 Ablösung | Verlorener Sohn | Bibeltheater 59
5.2 Anerkennung | Kain und Abel | Standbilder 63
5.3 Angst | Sturmstillung | Rollenspiel und Freeze 68
5.4 Außenseiter | Zachäus | Interviews mit Bibelfiguren 71
5.5 Beziehungen | Jakob, Lea und Rahel | Rollenarbeit 75
5.6 Einsamkeit | Jesus in Gethsemane | Kunstobjekt gestalten 79
5.7 Eltern | Zwölfjähriger Jesus | Übermalungen 82
5.8 Erfolg und Scheitern | Abendmahl | Interview-Rollenspiel 86
5.9 Frieden | Biblische Friedenstexte | Bibelvers im Karton 93
5.10 Geborgenheit | Psalm 139 | Bewegung und Tanz 97
5.11 Gefühle | Psalmen | Körperausdruck 103
5.12 Gemeinschaft | Christliche Gemeinde | Kooperationsübungen ... 108
5.13 Identität | Taufe (Jesu) | Freies Malen 112
5.14 Körper | Paulinische Körperbilder | Körperwahrnehmung 116
5.15 Krankheit | Blindenheilung | Bibelgeschichte nacherleben 119
5.16 Liebe | Biblische Liebestexte | Poetry-Slam 123
5.17 Mobbing | Jesus und die Ehebrecherin | Bibliodrama-Elemente .. 127
5.18 Natur und Mensch | Schöpfung | Gruppenkunstwerk 131
5.19 Schuld | Petrus' Verleugnung | Video drehen 134
5.20 Sehnsucht | Seligpreisungen | Gruppen-Maldialog 137
5.21 Selbstbewusstsein | Berufung Mose | Brief schreiben 140
5.22 Stolz und Scham | Reicher Jüngling | Fotografie 144
5.23 Tod und Trauer | Kreuz und Auferstehung | Erlebnisraum gestalten 150
5.24 Vertrauen | Sinkender Petrus | Bibliolog 153
5.25 Wut | Arche Noah | Arbeit mit fiktiven Figuren 156

Danksagung 159

Literatur 161

Register 167
Jugendthemen 167
Bibelstellen 168
Biblische Themen 169
Methoden 170

Einleitung

>»Religion ist im weitesten
und tiefsten Sinne das,
was uns unbedingt angeht.«
(Paul Tillich)

In der Befragung von Konfis sagen viele im Nachhinein: Die Konfirmandenzeit hat nicht auf meine Fragen geantwortet und hatte mit meinem Leben nichts zu tun.[1] Wir wünschen uns, dass Jugendliche in ihrer Konfi-Zeit die Religion als etwas erleben, das sie unbedingt angeht (Paul Tillich) und das für ihr Leben Bedeutung hat.

Was will dieses Buch (nicht)?

Wir möchten Pfarrerinnen und Diakonen Lust machen auf lebendige Konfi-Arbeit, die in einen Prozess gegenseitigen Interesses und gegenseitiger Neugier an Menschen und Texten hineinnimmt. Konfi-Arbeit wird so zu einem gemeinsamen Projekt ganzheitlichen »forschenden Lernens«.

Wir möchten die Konfis mit ihren Lebensthemen und Erfahrungswelten besonders in den Blick nehmen und einen Konfirmandenarbeitsansatz von ihrer Lebenswelt aus entwickeln.

Dieses Buch ist kein Kompendium, das alle Fragen rund um Konfi-Arbeit beleuchtet (wie z. B. Modelle, Organisationsformen, Freizeiten, Einsatz von Teamern, Gemeindepraktika, diakonische Projekte, Kennenlernphasen, Konfis in Gottesdiensten usw.). Es ist auch kein Kursbuch im Sinne eines vollständigen

---

1 Die zweite bundesweite Studie zur Konfirmandenarbeit stellt so fest, »dass es den Jugendlichen zunehmend schwer fällt, Gottes Wirksamkeit und Einfluss im eigenen Leben identifizieren zu können. Glaube und Leben treten demnach tendenziell auseinander.« (Schweitzer u. a. 2016, S. 263) »In den Augen vieler Jugendlicher gelingt es der Kirche […] nicht, die christlichen Glaubensüberlieferungen plausibel auf ihre Lebenswelt hin auszulegen. Offen muss allerdings bleiben, ob die Antworten der Kirche als inhaltlich nicht überzeugend eingeschätzt werden oder ob es sich eher so verhält, dass sich die Kirche nicht auf Lebensbereiche und Erfahrungen der Jugendlichen bezieht, also insgesamt nicht als relevant erscheint.« (Schweitzer u. a. 2016, S. 64)

Curriculums, das alle konfi-relevanten Themenbereiche abdeckt. Unsere Vorschläge für Konfi-Einheiten können in jedes bestehende Konzept eingebaut werden.

Es hilft, Konfis einen Bezug zu biblischen Themen entdecken zu lassen und sie in ihrer Entwicklung zu begleiten. Wir sehen mit einem theologischen, pastoralpsychologischen, spiel- und theaterpädagogischen und systemischen Blick auf die Situation der Konfi-Arbeit. In langjähriger gemeinsamer Fortbildungstätigkeit im Feld der Konfirmanden-, Teamer- und Jugendarbeit haben wir Modelle erprobt, Konfis und Teamerinnen erlebt und uns mit Kollegen ausgetauscht. All diese eigenen Erfahrungen haben uns zu diesem Buch geführt.

Hinweise zur Verwendung des Buches

- Wir halten ein Modell für Konfi-Arbeit für sinnvoll, das ein oder zwei Jahre lang in regelmäßigen Einheiten von mindestens 60, eher 90 Minuten Begleitung anbietet und gleichzeitig Gemeinschaftserfahrung ermöglicht durch zusätzliche verbindliche Konfi-Tage und Wochenendfahrten.
- Unsere Einheiten sind optimal bei diesen Bedingungen durchführbar, können aber auch in anderen Organisationsformen mit kleinen Anpassungen umgesetzt werden.
- Wir sehen einen großen Gewinn und Nachhaltigkeit in einem Konfi-Konzept, das jugendliche Teamer einbezieht, die dafür ausgebildet wurden.[2] Teamerinnen können in die Vorbereitung und inhaltliche Arbeit hineingenommen werden und in den Konfi-Einheiten Aufgaben übernehmen wie Spielanleitung, Moderation, Stationen-Leitung oder Andachten.
- Die Zeitangaben sind grobe Richtwerte. Je nach Gruppengröße und Vertrauen in der Gruppe können sie im Blick auf Eingangs- und Abschlussrituale sowie Reflexionsphasen abweichen.
- In den Entwürfen geben wir Anregungen für Anleitungen z. T. in wörtlicher Rede (in anderer, serifenloser Schriftart und mit Balken gekennzeichnet). Jede und jeder hat einen eigenen Stil. Unsere Anregungen sind immer sowohl daran als auch an die Gruppe anzupassen, damit sie authentisch bleiben.
- Wir möchten Sie hiermit ermutigen, den Weg der Vorbereitung der Konfi-Stunden (konkret in Kap. 4 beschrieben) selbst so zu gehen und damit eigene Stunden zu entwerfen. Unsere Entwürfe mögen Ihnen dabei Anregung sein,

---

2 Vgl. Anregungen und Materialien für Teamerausbildungen unter www.teamercard.de, Franke (2018b), siehe Literatur zu Kap. 1 und Franke/Thiele-Petersen (2018).

zu anderen Lebensthemen, Bibeltexten und mit Ihren eigenen Methoden zu arbeiten.
- Wir verwenden in diesem Buch Bibeltexte in der Lutherübersetzung 2017. Andere Übersetzungen, z. B. Basisbibel, können manchmal sinnvoll sein.
- Wir verwenden aufgrund besserer Lesbarkeit in diesem Buch abwechselnd mal die weibliche, mal die männliche Sprachform und bitten jeweils alle Menschen, sich davon mit angesprochen zu fühlen.

A Theoretischer Ansatz

1 Lebensrelevanz in der Konfi-Arbeit

1.1 Konfis als Experten für ihre Lebenswelt

Nehmen Sie sich einen Moment Zeit: In welchen Momenten Ihrer Konfi-Arbeit hatten Sie den Eindruck, dass eine Jugendliche oder ein Jugendlicher aus ihrer bzw. seiner Perspektive Relevantes für sich und das eigene Leben erfahren oder entdecken konnte?

Wir haben diese Frage vielen Konfis und Menschen in der Konfi-Arbeit gestellt und sie ist vielen zu einer Art »Schatzsuche« geworden. Die Antworten lassen sich in vier Bereiche bündeln.[3] Relevant wird die Konfi-Zeit für Konfis, wenn sie dort folgende Erfahrungen machen können:

1. Die Erfahrung einer besonderen Gemeinschaft, in der man anders und einzigartig sein kann, Spaß und Freunde findet. Dazu gehört auch, nicht beschämt zu werden, sondern Verständnis, Anerkennung und Trost zu erfahren von Menschen, die Bedeutung für einen haben.
2. Die Erfahrung eines Klärungsraumes für den eigenen Glauben, in dem man nicht »verbogen« wird, in dem eigene Fragen und Zweifel geäußert werden können sowie Antworten gesucht und gefunden werden. Ein Raum, in dem nicht ohnehin immer schon klar ist, was wahr und richtig ist.
3. Die Erfahrung selbstwirksamer Beteiligung, in der man spürt, dass man mitgestalten und etwas bewirken kann, in der man (an-)gesehen und herausgefordert wird.
4. Symbolische Erfahrung, in der es zu einer bedeutsamen Begegnung mit biblischen Texten, Bildwelten und Symbolhandlungen kommt.

Vielleicht fragen Sie sich, warum wir die Frage der Lebensrelevanz aus der Perspektive der einzelnen Konfis an den Anfang stellen. Geht es in der Konfi-Arbeit nicht darum, ihnen etwas vom christlichen Glauben zu vermitteln?

---

3 Vgl. Franke/Flügger/Friedrichs-Warnke (2016).

In Zeiten des Traditionsabbruches oder im konfessionslosen Kontext funktioniert es nicht mehr, eine Tradition zu erschließen, in die man schon hineingewachsen und die einem vertraut ist. Daraus zu folgern, nun besonders viel Tradition zu lehren und zu lernen, geht an der Sache vorbei, wenn nicht »Tradieren« selbst gelernt wird: Traditionsstücke zu finden, die individuell Bedeutung für mich heute haben und die ich so in ihrer Bedeutsamkeit für mich weitergeben kann.

Lerntheoretisch gilt heute, dass man nur das wirklich lernt, was man lernen will. Jugendliche entscheiden immer eigenständiger, ob sie zur Konfi-Arbeit gehen. Wenn sie nicht spüren, dass ihnen das »etwas bringt«, werden sie nicht kommen. Will man der konkreten Verschiedenheit der Jugendlichen gerecht werden, muss man bei den Einzelnen und ihren unterschiedlichen Erfahrungen ansetzen und ihnen ermöglichen, sich einzubringen. Dafür braucht es als Unterrichtende eine Grundhaltung des Priestertums aller Gläubigen: Ich erwarte von den Jugendlichen etwas, bin neugierig auf ihre Fragen, ihre Erfahrungen, Ausdrucksweisen und Konstruktionen ihres Glaubens. Mein Bedürfnis, ihnen »etwas« zu vermitteln, tritt dahinter zurück, zugleich bleibe ich aber erkennbar und bringe mich ein. Konfi-Arbeit wird für Jugendliche relevant, wenn sie die Möglichkeit haben, sich – möglichst selbstwirksam – zu beteiligen, indem nach ihren Themen und Fragen gefragt wird, indem ihre Suchbewegungen und Antworten Raum bekommen, indem sie die eigene Gruppenkultur, (diakonische) Projekte, Gottesdienste und Rituale aktiv mitgestalten und entwickeln, indem bei Störungen und Konflikten (Franke 2018a) gemeinsam nach Lösungen gesucht wird. Jede Konfi-Gruppe ist so eine gemeinsame Suchbewegung, miteinander »Kirche« in ihren Dimensionen von Gemeinschaft, Diakonie, Liturgie und Zeugnis zu »er-finden«. Jede Konfi-Gruppe entdeckt und prüft dabei zugleich diese Dimensionen in der realen Gemeinde. Ihre »Er-findungen« können für die übrige Gemeinde sehr bereichernd sein, wenn sie wertschätzend aufgenommen und in einen Dialog gebracht werden (Schlag 2018). Teamer und Teamerinnen in der Konfi-Arbeit (Franke 2018b; Franke und Thiele-Petersen 2018) können eine jugendnahe Konfi-Arbeit und ihre Position in der Gemeinde sehr fördern. Durch ihre Beteiligung darf allerdings die Beteiligung der Konfis selbst nicht aus dem Blick geraten.

Der entscheidende Grund, bei der Frage nach der Relevanz aus Sicht der einzelnen Jugendlichen und ihren Erfahrungen anzusetzen, ist für uns die reformatorische Grunderkenntnis, dass es in Glaubensfragen immer um die eigene Gottesbeziehung und den je eigenen Glauben geht. Christliche Glaubensinhalte besitzen ihre Bedeutung nicht objektiv und an sich, sondern »nur insofern Subjekte sie als bedeutsam für sich und ihr Leben annehmen« (Hauschildt/Pohl-Patalong 2013, S. 112).[4]

Wir möchten den Konfis individuell und als Gruppe so Raum bieten, immer wieder neu als Jugendgeneration in einer sich ständig wandelnden Welt und Gesellschaft ihre Lebenserfahrungen und Lebenswelt einzubringen. Sie sind die eigentlichen Experten für ihre Lebenswelt. Sie sind keine »unbeschriebenen Blätter«. Sie bringen eigene Erfahrungen mit, die immer schon implizite oder explizite Sinnkonstruktionen enthalten.

In der kreativen und kritischen Begegnung eigener Erfahrungen mit Stücken der Glaubenstradition kann nun immer wieder neue religiöse Erfahrung entstehen (Odenthal 2007, S. 189). Für uns als Unterrichtende ist das das eigentlich Spannende an der Konfi-Arbeit.

---

4 Hier auch der Hinweis auf Matin Luther: »Denn ob Christus tausendmal für uns gegeben und gekreuzigt würde, wäre es alles umsonst, wenn nicht das Wort Gottes käme, und teilet's aus und schenke mir's und spräche, das soll dein sein, nimm hin und habe dir's.« (Luther WA 18; 202,37–203,2)

1.2 Entwicklungspsychologische Erkenntnisse für das Konfi-Alter

Konfirmandinnen und Konfirmanden sind weder große Kinder noch kleine Erwachsene, sie sind Jugendliche, die sich in einer Umbauphase ihres Lebens befinden. Jede menschliche Entwicklungsstufe kann als Krise mit spezifischen Entwicklungsaufgaben verstanden werden (Erikson 1966). Die Entwicklungsphase der Pubertät oder frühen Adoleszenz, in der sich die Mädchen (früher) und Jungen (später) in unterschiedlicher Ausprägung und Intensität befinden, ist besonders eine Krise, da es hier um Identität geht. Ihre Persönlichkeitskrise, hervorgerufen durch hormonelle, körperliche und neurologische Veränderungen, sucht ihre unterschiedlichen Ausdrucksformen, die uns Erwachsenen manchmal fremd oder störend scheinen (erinnern wir uns nicht mehr?). Die Pubertätsphase prägt das gesamte Wesen, das Denken, Fühlen und Verhalten der Konfis so entscheidend, dass es nicht möglich ist, daran vorbei oder gar dagegen zu »unterrichten«. Wenn wir dennoch möchten, dass unsere Konfis uns und einander zuhören, ihre Meinung sagen, mitmachen, einen eigenen Zugang zu den kirchlichen und biblischen Themen bekommen oder sogar ihre Konfi-Zeit als bereichernd erleben, sollten wir dies nicht ignorieren, sondern berücksichtigen. Die Jugendlichen in dieser Phase zu begleiten, ist immer wieder eine pädagogische und didaktische Herausforderung und bietet zugleich eine große Chance, dass wir »als Kirche« in einer Phase der Suche nach Orientierung Impulse geben können, die prägend sein können für das ganze Leben.

Die *Lebensthemen und Erfahrungswelten Jugendlicher* in dieser Entwicklungsphase sind existenzielle:[5]
- Entwicklung der eigenen Identität
- Rollendiffusion
- instabiles Selbstwertgefühl zwischen Selbstverachtung und narzisstischer Selbstüberschätzung
- Entdeckung von Scham und Schuldgefühlen
- Suche nach Anerkennung, Akzeptanz und sozialem Echo
- Infragestellung der bisherigen und Suche nach neuen Wertesystemen und Orientierungspunkten
- Autonomiebestreben (Ablösung von Eltern)
- Bindungssehnsucht

---

5 Vgl. Erikson, E. H. (1966), Piaget, J. (1973), Kohlberg, L. (1996), Garz, D. (2008), Mehn, J. (2009).

- Bedeutung von außerfamiliären sozialen Gruppen Gleichaltriger (Peergroups)
- Sehnsucht nach Lebensdeutung, Antwort auf Sinnfragen, Transzendenz und Spiritualität

Aus diesen Lebenserfahrungen resultieren *Entwicklungsaufgaben im Jugendalter*:
- Identitätsfindung, Ausbildung eines Charakters
- Stabilisierung des Selbstwertgefühls
- körperliche Reifung (Akzeptieren des Körpers, der Geschlechtsrolle)
- Ausprobieren verschiedener sozialer Rollen durch Identifikation
- Unabhängigkeit erlangen (vom wahlweise behütenden, autoritären oder ignorierenden Elternhaus)
- Erfüllung der Sehnsucht nach Orientierung, Werten, Lebensdeutung

Die Herausforderung besteht nun darin, die Konfis nicht als schwierig anzusehen, weil sie in dieser Phase sind, sondern vielmehr die Chancen dieser kreativen Umbauphase zu nutzen. Dafür können wir die besonderen Eigenschaften dieses Entwicklungsstadiums, die uns manchmal Nerven kosten, positiv umdeuten, *als Kompetenzen der Jugendlichen wahrnehmen* und entsprechend darauf reagieren, indem wir diese Fähigkeiten nutzen.
- Aus nervender Lautstärke wird ein Schrei nach Aufmerksamkeit.
Ich schenke Beachtung: Jeder Konfi darf vorkommen und sich äußern. Oder: Ich baue spielerische Methoden ein, in denen Schreien erlaubt ist.
- Aus Chaos wird Flexibilität.
Einlassen auf neue Erfahrungen wird möglich, sodass ich auch Ungewohntes (wie z. B. Meditation, Körperarbeit) einbringen kann.
- Aus Störung durch Seitengespräche wird Orientierung an der Peergroup und das Bedürfnis nach Anerkennung.
Durch Gruppenerfahrung kann das Selbstwertgefühl gestärkt werden: Ich wähle Methoden, die Kommunikation und Austausch untereinander ermöglichen.
- Unsicheres »Nachmachen« von anderen (ich meine dasselbe wie der vor mir) wird zu Suche nach Orientierung.
Ich biete Methoden an, in denen sich jede individuell (auch nonverbal) ausdrücken kann, und ermögliche soziale Akzeptanz z. B. durch geeignete Feedbacks.
- Aus affektiven Turbulenzen (Aggression, Melancholie, Rückzug) wird intensives emotionales Erleben und Sensibilität.
Ich lasse Gefühle zu und arbeite mit Methoden, die Emotionen Raum geben (Rollenspiel) und sie vielfältig ausdrücken (kreative Gestaltung).

- Aus Grenzen-Austesten (Unabhängigkeitsbestreben) wird Entwicklung zu erweitertem Handlungs- und Entscheidungsspielraum.
Ich sorge dafür, dass Grenzen eingehalten werden, z. B. wo es um den Schutz anderer geht, und ermögliche, Neues zu probieren, eigene Grenzen zu erfahren und zu erweitern.

Gleichzeitig können wir die kognitiven und kreativen Möglichkeiten und Fähigkeiten in der Entwicklung dieser Lebensphase nutzen:
- Fähigkeit zu Selbstreflexion
- wachsende Kritikfähigkeit (an Eltern, Gesellschaft, anderen und sich selbst)
- Fähigkeit zu abstraktem logischem Denken, Diskutieren
- moralische Urteilsfähigkeit
- kreatives Potenzial

Fazit: Als Leitung einer Konfi-Gruppe können wir entwicklungspsychologische Erkenntnisse als Anregung für unsere Konfi-Arbeit nutzen, indem wir
1. die existenziellen Lebensthemen und Erfahrungswelten Jugendlicher zum Inhalt der Konfi-Arbeit machen, weil sie darin Experten sind und es sie unbedingt angeht, berührt und interessiert,
2. die Jugendlichen bei ihren Entwicklungsaufgaben unterstützen und
3. die Eigenschaften, die sie in dieser Lebensphase neu entwickeln, als Kompetenzen wahrnehmen und sie bewusst einsetzen.

Da diese Phase der Entwicklung maßgeblich die Lebenswelt von Konfis bestimmt, können wir hierin Themen entdecken, die im Leben von Jugendlichen Relevanz haben.

1.3 Konfi-Arbeit als Teil des Schöpfungsprozesses

In der Konfi-Arbeit geht es uns nicht primär darum, Jugendlichen »etwas über Gott« zu vermitteln, sondern ihre Entwicklung in der »kreativsten Zeit des Lebens« (Knapp 2015, S. 93) selbst als Teil des Schöpfungsprozesses zu verstehen und sie darin zu begleiten. Wenn wir die »Welt als Schöpfung« (Wölfel 1981) verstehen, verankern wir alle Wirklichkeit in der Kreativität Gottes und sind so auch in unserer Konfi-Arbeit mit den individuellen Jugendlichen, der Gruppe und ihrer Lebenswelt selbst Teil des göttlichen Schöpfungsprozesses *(creatio continua)* in dieser Welt.

Gott erscheint für uns als Beziehungsqualität, als schöpferische Macht in Beziehung[6], die uns in eine bestimmte Spannung zwischen Schöpfung, (verlorenem) Paradies und Reich Gottes hineinnimmt. Jesus hat in seinen Gleichnissen, aber auch in den Seligpreisungen, immer wieder die Zuhörenden in diese Spannung hineingenommen und ist selbst zu einem Gleichnis für Gott geworden. Wer Gott ist, erfahren wir in der Auseinandersetzung mit uns und anderen darüber, wer wir selbst sind. Die Wirklichkeit Gottes, um die es in der Konfi-Zeit geht, ist so »keine andere Wirklichkeit, die zu der gelebten, alltäglichen Lebenswirklichkeit noch zusätzlich hinzukäme« (Steinmeier 1998, S. 201).

Martin Luther hat den prozessualen Charakter des individuellen Glaubens[7] und der Kirche *(semper reformanda)* hervorgehoben. Ausgehend von einem Selbstbild als Sünder vor dem Hintergrund des in seiner Zeit verbreiteten Bildes Gottes als zornigem Richter hat ihm die Begegnung mit biblischen Texten – aber sicher auch mit Menschen in seinem Umfeld wie Johann von Staupitz – zum Selbstbild eines gerechtfertigten Sünders im Angesicht eines gnädigen Gottes verholfen. Der Raum, in dem Jugendliche sich heute bewegen und entwickeln, ist meist weniger von einem Schuld-Angst-Paradigma geprägt. Ihre Ängste haben oft einen Scham-Bezug und die Sehnsucht ist mitunter groß, dass da überhaupt jemand ist, der sie wirklich sieht und wahrnimmt. Der Akzent verschiebt sich von Erfahrungen von Schuld und Vergebung zu Erfahrungen von Scham und Segen. Das bedeutet nicht, dass es in unserer Zeit – spätestens im Blick auf die Problematik von Klimawandel, Flucht, die Verteilung von Armut und Reichtum – nicht auch um reale Schuld ginge. Mit jedem einzelnen Konfi und jeder Gruppe ist es spannend, ausgehend von den eigenen Erfahrungen und Symbolisierungen, zu sehen, welche Resonanzen zu den Erfahrungen in biblischen Texten entstehen. Im Kern geht es in der Konfi-Arbeit darum, einen schöpferischen Raum zu schaffen, in dem Vertrauen und Liebe zu sich selbst, zu anderen und zu Gott vertieft werden können. Vertrauen, das auch Erfahrungen, dass nicht alles glatt läuft, tragen kann; Liebe, die auch Lieblosigkeitserfahrungen

---

6   Ein Ausdruck davon ist die Entstehung des trinitarischen Gottesbildes, das Gott als zur Schöpfung hin offenes Beziehungsgeschehen versteht: »Gott nimmt in Jesus selbst das Leiden der Menschen auf sich. Er leidet in seinen Kreaturen mit und überwindet das Leid. Gott verleiht als Heiliger Geist dem Menschen Freiheit und erneuert seine Selbständigkeit und Würde. Seine Allmacht erdrückt nicht die Eigenständigkeit des Menschen. Als Wohnung der Gottheit erhält vielmehr der einzelne Mensch einen unendlichen Wert.« (Theißen 2003, S. 137 f.)
7   »Das Leben ist nicht ein Fromm-Sein, sondern ein Fromm-Werden. Keine Gesundheit, sondern ein Gesund-Werden. Kein Wesen, sondern ein Werden. Keine Ruhe, sondern ein Üben. Wir sind es noch nicht, werden es aber. Es ist noch nicht getan oder geschehen, es ist aber im Gang und im Schwang. Es ist nicht das Ende, es ist aber der Weg.« (Martin Luther in Bezug auf Philipper 3,13, WA 7,336,31–36)

und Leid überleben kann; Ermutigung, sich einzubringen in diese Welt als Teil des Schöpfungsprozesses.

Die Konfirmation ist eine Art Zwischenstopp und Kreuzung auf dem unabgeschlossenen Prozess der Weiterentwicklung des eigenen Glaubens der Konfis und der konkreten Gemeinde. Beide können wechselseitig von ihren Erfahrungen profitieren.

1.4 Bedeutsame individuelle Erfahrungen der Konfis und ihre Symbolisierungen

Konfis bringen 12–14 Jahre Lebens- und Glaubenserfahrung mit. Dabei sind die bedeutsamsten Erfahrungen sehr unterschiedliche Beziehungserfahrungen mit sich selbst, mit anderen und mit Gott. Diese Erfahrungen sind zugänglich über Gefühle und die Bildwelten, die mit ihrem Ausdruck verbunden sind. Im Ausdruck dessen, was für uns wirklich bedeutsam ist, greifen wir auf symbolische Ausdrucksformen zurück, die meist eine Mischung aus eigener Erfindung und kulturell Vorgefundenem sind. Was ich erfahre, ist in dem Moment, in dem es mir zugänglich wird, schon immer gedeutete Erfahrung im Rahmen einer Bildwelt.

Jede Jugendgeneration entwickelt in ihrem gesellschaftlichen Kontext – milieuspezifisch – eine Art eigener Sprache, Mode, Bewegungshabitus, favorisiert besondere Musik und Filme und bringt solche hervor als Symbolisierung ihrer Erfahrungen. Wenn wir Konfis einladen, einfach zu malen, was ihnen einfällt, wenn sie an sich, Gott und das Leben denken, entstehen symbolische Welten mit Herzschmerz-Kurven und Herzen, Figuren aus Filmserien und Computerspielen, konkrete Lebens- und Todesorte, Welten aus Farben und Strukturen. Dezidierte Symbole aus der christlich-jüdischen Tradition wie Regenbogen, Kreuze, Engel, Anker, Bibel tauchen eher am Rande auf.

Konfis leben heute in einer Welt, in der sie ihre Symbolisierungen persönlicher Erfahrungen grenzenlos veröffentlichen können. Zugleich stehen ihnen grenzenlose Bild- und Klangwelten sofort und je nach Gefühlszustand zur Verfügung. Eine riesige Industrie ist damit beschäftigt, uns auf der Basis unseres persönlichen Such- und Ausdrucksverhaltens individuell »passende« Bildwelten, Informationen und Angebote zuzuspielen. Dies kommt uns einerseits entgegen, aber es führt auch zu einer beschränkten Wahrnehmung der Wirklichkeit wie in einer »Blase«. Unsere menschliche Erfahrung wird zu einem millionenfach abgerufenen und verarbeiteten Rohstoff, auf dessen Basis unser Verhalten immer besser vorhersagbar wird. Individuell zugespielte Bildwelten bieten nun nicht nur Ausdrucksmöglichkeiten für unsere Erfahrungen, sie bieten zugleich die Möglichkeit der kommerziell und politisch nutzbaren Manipulation. Nach dem Ende der »selbstverständlichen« Wirkmächtigkeit der großen Erzählungen und ihrer Bildwelten durchzieht inzwischen vor allem ein Grundbild von menschlichen Beziehungen alle Lebensbereiche: über den Markt vermittelte Anbieter und Kunden. Dieses wird zunehmend abgelöst vom Bild des Menschen als Erfahrungs-Daten-Rohstoff.

Vor diesem Hintergrund geht es in der Konfi-Zeit nun darum, die Erfahrungen der Konfis und ihre Symbolisierungen mit denjenigen der Erfahrungen von Menschen aus der jüdisch-christlichen Tradition in Kontakt zu bringen und ihnen so Raum für neue symbolische Erfahrungen zu ermöglichen.

Zwei Beispiele:

Im Rahmen einer Einheit zur Gestaltung des eigenen Gottesbildes malt die recht schüchterne Denise[8] eine Hand. Im Gespräch sagt sie zu ihrem Bild, dass Gott wie eine schützende Hand vor inneren Verletzungen schütze, während wir für äußere Verletzungen wie Beinbrüche selbst zuständig seien. Bei den inneren Verletzungen denke sie aber nicht an sich, sondern daran, dass sie selbst ihre Mutter immer wieder mal mit Wutausbrüchen traktiere und hinterher ein schrecklich schlechtes Gewissen habe. Das Vertrauen, dass Gott ihre Mutter (!) schütze, sei tröstlich.

Felix muss jedes Mal, wenn das Lied »Geh unter der Gnade« im Konfi-Camp-Gottesdienst gesungen wird, herzzerreißend weinen. Irgendwie hat das mit ihm und seinem Vater zu tun, der die Familie vor Jahren verlassen hat. Für Felix war das Konfi-Camp die Zeit, in der er »so viel wie noch nie geweint« hat und zugleich »die schönste Zeit meines Lebens« hatte. Eigene Erfahrungen finden einen symbolischen Ausdruck oder werden durch die Begegnung mit fremden symbolischen Ausdrucksformen zu persönlichen symbolischen Erfahrungen.

Solche symbolischen Erfahrungen[9]
- *verbergen und enthüllen zugleich* und befreien so ein wenig davon, eigenen Erfahrungen blind ausgeliefert zu sein.
- *drücken Gefühle aus bzw. ziehen Gefühle auf sich* für das, wofür sie stehen.
- *können ermöglichen, Konflikte und Ambivalenzen zu bearbeiten.* Darauf sind

---

8   Namen von Jugendlichen und Szenen sind hier immer fiktiv bzw. verfremdet.
9   Zum Verständnis symbolischer Erfahrungen (Wahl 1994) greifen wir Aspekte aus der pastoralpsychologischen Diskussion im Gespräch mit Weiterentwicklungen der Psychoanalyse (Scharfenberg/Kämpfer 1980; Wahl 1994; Wahl 1999, Wahl 2008, Bollas 1997) aber auch systemische Sichtweisen (Hermelink 2001) auf.

wir als nicht instinktgebundene Wesen angewiesen. So ermöglicht ihr Gottesbild der schützenden Hand Denise, ihren inneren Konflikt zwischen Peinlichkeitsgefühlen, von der Mutter abhängig zu sein, und Schuldgefühlen für Abgrenzungsbestrebungen zu bearbeiten und ihnen nicht einfach nur hilflos ausgeliefert zu sein. Felix macht die Begegnung mit dem Lied bisher verdrängte Trauergefühle zugänglich und ermöglicht, den Konflikt mit seinem Vater und die damit verbundenen Gefühle zu bearbeiten.

- *können das Selbst(wert)gefühl stärken:* In der Begegnung mit Symbolzeichen können lebensfördernde frühere Beziehungserfahrungen wie ein basales Gefühl von Sicherheit, Dazugehören und Teilhaben, die wir verinnerlicht haben, reaktiviert und weiterentwickelt werden. Auf solch symbolische Erfahrung sind wir lebenslang zur Stärkung unseres Selbst(wert)gefühls angewiesen. Denise verbindet ihr Gottesbild auch mit Erinnerungen an die segnende Hand eines Pastors über dem Kopf getaufter Babys. Es stärkt ihr Selbst(wert)gefühl, indem basale Geborgenheitserfahrungen reaktiviert werden und zugleich wie oben beschrieben Spielraum gegenüber einer entwicklungshemmenden Schuldangst entsteht.
- *meinen immer eine Beziehungsszene:* Das Symbolzeichen »Schützende Hand« an sich ist bedeutungslos. Es geht immer um die ganze Beziehungsszene, auf die es sich zum einen bezieht (Denise und ihre Mutter) und in der es zum anderen von jemandem »er-funden« wird. So kommt es auch auf das Vertrauensverhältnis unter Konfis und zwischen ihnen und Unterrichtenden in der konkreten Konfi-Einheit an, das es Denise ermöglicht, ihr Bild zu malen und auch darüber zu sprechen.
- *können – wie in einer Art Behältnis[10] – ermöglichen,* noch nicht gut verdaubare eigene *emotionale Erfahrungen besser zu »verdauen«,* indem sie schon einmal als fremde Erfahrung, z. B. in einer biblischen Geschichte, einen symbolischen Ausdruck fanden, dem ich nun begegne. Etwas symbolisch zu erfahren, heißt dabei, dass eine Differenz bleibt zwischen der Erfahrung und dem Ausdruck. Denise »er-findet« mit der »segnend schützenden Hand«, die sie aus Gottesdiensten und Taufen kennt, ein Behältnis, das ihre vielfältig ambivalenten Erfahrungen im Ablösungsprozess von der Mutter in besonderer Weise »hält«. Zugleich ist sie sich bewusst, dass die gemalte Hand nicht Gott »ist«. Ginge diese Differenz verloren, auf die auch das Bilderverbot verweist, könnten wir von Wahn sprechen oder kämen in die Nähe von Biblizismus oder Fundamentalismus, in denen es keine Differenz zwi-

---

10 Wilfred Bion, auf den sich Wahl (2008, S. 121 ff.) bezieht, spricht von der Funktion des »containing«.

schen Worten und Dingen, keine Ungewissheit und keinen Zweifel mehr gibt. Das Bild des Behältnisses lässt sich auch umdrehen: Der emotionale Erfahrungsgehalt des historisch gewachsenen Symbolzeichens »segnend schützende Hand« »sucht« nach Menschen, »die ihren Gehalt aufnehmen und ihn zugleich emotional sinnlich wieder ›enteisen‹ und ›verflüssigen‹ können« (Wahl 2008, S. 125).

Jedes »Behältnis« hat nun allerdings selbst eine Geschichte und kann auch selbst noch nicht Verdautes enthalten. Insofern ist es wichtig, wenn wir symbolische Erfahrungen ermöglichen wollen, zu bedenken, warum wir welche Themen mit welchen biblischen Texten behandeln und was auch die historisch gewachsenen biblischen Texte, die im Rahmen einer Wirkungsgeschichte zu uns gelangen, an noch »Unverdautem« enthalten können.

- können »Sehnsuchtsportale« öffnen, die anknüpfen an frühe Erfahrungen, dass jemand mit uns ist und die mit der *Erfahrung von Verwandlung* verbunden sind (vgl. Bollas 1997). Insbesondere in der Pubertät suchen wir nach solchen Verwandlungserfahrungen. Die begleitende »schützende Hand« hilft Denise in der Verwandlung, mehr »aus sich herauszukommen« und ein eigener Mensch zu werden.
- können gewohnte Denk- und Beziehungsmuster (heilsam) verstören. So erleben wir, dass die klassischen, an Leistung orientierten Gerechtigkeitsvorstellungen der Konfis in der Begegnung mit dem Gleichnis von den Arbeitern im Weinberg regelmäßig verstört werden. Das Ritual der Konfirmation selbst lässt sich auch als »Ritual heilsamer Verstörung« (Hermelink 2001) verstehen, das im Kirchraum und im privaten Raum ermöglicht, das Familienbeziehungssystem um den oder die Jugendliche herum wahrzunehmen und neu zu sortieren.

1.5 Individuelle biografische Themen und der Schutz der Privatsphäre

Neben entwicklungspsychologisch begründeten alterstypischen Lebenserfahrungen, die meist für alle Jugendlichen gelten, sowie den typischen Lebensthemen »meiner Konfi-Gruppe« (in diesem Stadtteil, an diesen beiden Schulen, in diesen Milieus) ist für die Aufnahme der Inhalte der Konfi-Zeit von entscheidender Bedeutung, inwiefern die einzelnen Jugendlichen etwas ganz persönlich damit anfangen und in ihr eigenes Leben übertragen können. Das bedeutet im Idealfall, dass es zu Verknüpfungen mit ihrer individuellen Biografie kommt. Wenn das gelingt, hat die Konfi-Zeit meistens eine größere nachhaltige Bedeutung für die Konfis.

Lebensgeschichtliche Erfahrungen sind oft emotionaler Art (Verliebtsein, Erfolgsmomente) und können schmerzhaft sein (Trennung der Eltern, Gewalterfahrungen, Krankheit oder Tod eines Familienmitgliedes, individuelle Einschränkungen, Mobbingerfahrungen in der Schule, Liebeskummer). Kaum eine Konfi-Gruppe ist nicht von solchen (z. T. traumatischen) Erfahrungen einzelner Konfis betroffen.

Wenn wir auch für diese individuellen Erfahrungen Verknüpfungen mit biblischen Geschichten bieten wollen, ist es nötig, einerseits einen Raum zu schaffen, in dem Konfis sich mit ihren persönlichen Erfahrungen einbringen mögen, andererseits, den Schutz der Privatsphäre in der Gruppe zu wahren. Grundsätzlich ist es hilfreich, eine Atmosphäre zu schaffen, die Offenheit ermöglicht.

- Eine einladende Raumatmosphäre: kein Allzweckraum, in dem Puppenwagen des Spielkreises (Babykram) und Wandbehänge des Handarbeitskreises (spießig) prägend sind; am liebsten jugendgemäß gestaltet, am allerbesten von den aktuellen Konfis selbst mitgestaltet sowie eine anregende Raumgestaltung je nach thematischer Einheit.
- Eine offene Sitzordnung, die nicht an Schule erinnert und Wahrnehmung aller Gruppenmitglieder ermöglicht: Stuhlkreis statt Tischreihen.
- Eine Kultur des Zuhörens entwickeln: Gesprächsregeln in jeder Gruppe selbst erarbeiten und auf Einhaltung selbst achten, Blitzlicht-Runden, kreative Gesprächsmethoden, Feedback einüben.
- Als Pfarrerin Offenheit und Interesse an den einzelnen Konfis und ihren Themen zeigen und somit echte Sozialisationsbegleitung ermöglichen.

Die Konfi-Gruppe als soziale Gruppe, nicht nur als Lerngruppe verstehen.[11]
- Die Konfi-Gruppe (als eine der wichtigen Peergroups) als Beispielgruppe für das normale Leben und Resonanzraum für die Inhalte und Themen betrachten und nutzen.
- Die natürlichen Gruppenphasen beachten und mit entsprechenden Leitungsstilen und Methoden darauf reagieren.
- Auf die Gruppendynamik achten und eingehen sowie diese bei Bedarf zum Thema machen.
- Rollen in der Konfi-Gruppe wahrnehmen (Anführerin, Außenseiter, Besserwisser, Star, Mitläuferin, Clown …) und entsprechend reagieren: niemanden in eine Rolle drängen, Rollenvielfalt ermöglichen.

---

11 Einen Überblick über gruppenpädagogische Themen wie Gruppenphasen, Rollen in Gruppen verschafft Franke/Thiele-Petersen (2018).

Grundsätzlich gilt Freiwilligkeit.
- Niemand wird gezwungen, etwas zu tun, z. B. einen Text vorzulesen, ein Rollenspiel vorzuführen, ein gemaltes Bild zu zeigen.
- Anleitungen werden einladend formuliert, nicht befehlend.

Offene Methoden wählen, die Individualität fördern und gleichzeitig die verschiedenen, je eigenen Grenzen respektieren.
- Eine Gesprächsrunde so anleiten, dass jeder das von sich erzählen kann, was er möchte.
- Vielfältige kreative (nicht nur verbale) Methoden wählen, sodass jede ihre individuelle Ausdrucksmöglichkeit finden kann.
- Zu abstrakten Bildern, Gestaltungen, Standbildern usw. anleiten, aus denen nicht alle gleich erkennen, um welche konkrete Situation es geht, wohl aber, welche Atmosphäre oder Gefühle mich darin ansprechen.
- Vor jeder Produkterstellung muss für alle deutlich sein, in welche Öffentlichkeit es kommen wird (z. B. in der Gruppe vorlesen, im Kirchenraum ausstellen, Gemeindebriefartikel).
- Bei Präsentationen von Werkstücken (gemalten Bildern, entworfenen Kunstobjekten, selbstgeschriebenen Gebeten) die anderen nicht kommentieren/werten, sondern lediglich eigene Gedanken dazu frei assoziieren lassen.
- Als Reaktion auf eine Bibelgeschichte z. B. ein eigenes Wort/Gefühl dazu nennen, nicht zwingend eine ganze Lebenssituation erzählen lassen.
- Persönlichen Austausch zu einem Thema zu zweit anregen, nicht vor der ganzen Gruppe.

Eigene neue Erfahrungen ermöglichen, auch ohne Veröffentlichung.
- Vielfältige kreative Angebote machen, um eigene persönliche Erfahrungen auszudrücken. In diesem gestalterischen Prozess ereignet sich eine thematische Auseinandersetzung. Damit ist schon viel erreicht, auch wenn jemand nichts davon veröffentlichen möchte.
- Anregende Fragen zur eigenen inneren Auseinandersetzung anbieten und dazu etwas festhalten lassen (jede für sich), z. B. ein Konfi-Tagebuch führen mit Gedanken aus jeder Stunde »nur für mich« oder am Ende der Einheit ein Symbol/ein Wort des Tages wählen lassen.

Offenheit und Sensibilität der Unterrichtenden für nicht immer direkt formulierte Anfragen der Jugendlichen nach Seelsorge, gerade vor und nach den Unterrichtseinheiten.

Wenn die oben genannten Entwicklungsaufgaben nicht bewältigt werden, kann es zu größeren Krisen oder Anpassungsstörungen kommen. Diese zu lösen, kann nicht Aufgabe von Pfarrerinnen oder Gemeindepädagogen sein, aber ihre Auswirkungen konfrontieren uns und wir müssen uns dazu verhalten. In Härtefällen ist es hilfreich, dann psychologische Beratung zu empfehlen.

2 Biblische Geschichten, christliche Traditionen und Rituale in der Konfirmandenarbeit

2.1 Das Verständnis biblischer Texte als symbolischer Ausdruck existenzieller Erfahrungen

Wir verstehen biblische Texte als Symbolisierungen existenzieller Erfahrungen, die Menschen in der Beziehung zu sich selbst, zu anderen (Personen und der ganzen Schöpfung) und zu Gott gemacht haben. Wir fragen danach, welche existenziellen Erfahrungen zur Symbolisierung in diesem Text geführt haben. Gerade in alttestamentlichen Texten wie den Psalmen mit ihrer besonderen Ausdruckskraft, in Darstellungen der Schöpfung, Ur- und Vätergeschichte, Hiob und Propheten sind die zugrunde liegenden Erfahrungen besonders deutlich. Vom dankbaren Staunen über die Schöpfung, der Frage nach Gerechtigkeit, Freiheit und Macht bis zum Umgang mit und zur Deutung von Erfahrungen des Scheiterns als einzelner Mensch und als Volk bietet die Bibel einen reichen, vielfältigen und historisch gewachsenen Schatz an Erfahrungsausdruck. In den Texten des Neuen Testamentes wird dieser auf die Verarbeitung der Erfahrungen mit Jesus, seiner Verkündigung, seinem Wirken und seiner Kreuzigung konzentriert.

Wie wir den Konfis, ihren Erfahrungen und Symbolisierungen mit einem hohen Zutrauen und Respekt begegnen, zu dem immer wieder auch ambivalente gemeinsame Erfahrungen und Fremdheitsgefühle gehören, so gehen wir auch auf biblische Texte und die in ihnen geronnenen Erfahrungen zu. In vielen von ihnen haben wir selbst Resonanz und einen Ausdruck für eigene Erfahrungen mit uns selbst, anderen und Gott gefunden. Manche Texte lassen eigene Erfahrungen in einem anderen Licht erscheinen und verändern ihre Deutung. Gerade die Fremdheit mancher biblischer Texte ermöglicht die Entdeckung eigener Gefühle und die Weiterentwicklung eigener Sinnkonstruktionen.

Die Bibel durchzieht die Grunderzählung, dass sich Gott liebend in seine Schöpfung einbringt, sich ihr bis an die Grenzen von Leid und Tod aussetzt und überlebt, ohne sich zu rächen. Diese Grunderzählung kann immer wieder, auch wenn es eng wird, schöpferischen Entwicklungsraum für uns schaffen und Vertrauen bilden, das durch ambivalente Erfahrungen nicht zerstört wird. Jesus hat insbesondere in den Gleichnissen ausgehend von Alltagserfahrungen Menschen für das Reich bzw. die Wirklichkeit Gottes sensibilisiert und geöffnet und wurde selbst zu einem Gleichnis für diese Wirklichkeit.

In der Konfirmandenarbeit begegnen uns oft *drei Hemmnisse, mit der Bibel und ihren Texten in einen Kontakt zu kommen,* der bedeutsame symbolische Erfahrungen ermöglicht:

1. Zum Teil begegnen Jugendliche dem (geschlossenen) »Buch mit 7 Siegeln« mit einer gewissen Ehrfurcht, die auch eine Scheu bedeutet, es »anzufassen« und »zu benutzen«. Dagegen ist es uns wichtig, dass Konfis wirklich in einen offenen Dialog mit biblischen Texten kommen mit allen eigenen kritischen Anfragen. Es geht uns nicht um Unterwerfung unter eine fremde Dogmatik, für die schon immer klar ist, wie biblische Texte zu verstehen sind, sondern um Offenheit dafür, dass die Konfis eine eigene Beziehung zu ihnen entwickeln, indem sie »sowohl als Fremdes gefunden, als auch als etwas Eigenes erfunden werden. Dann nämlich können sie wertvoll werden für die biographische (Re)Konstruktion.« (Wagner-Rau 2000, S. 147) Biblische Texte bieten so keine fertigen eindeutigen Handlungsanweisungen oder »Lösungen, sondern Bedingungen der Möglichkeit, Entwicklung zu fördern«, indem sie uns »grundlegende Dynamiken bewusst machen« können (Kämpfer 2006, S. 436).

   Wir bringen biblische Texte so in einen Erfahrungsraum ein, dass symbolische Erfahrungen und Resonanz mit eigenen Erfahrungen möglich werden können. Im Abendmahlsritual und der zugrunde liegenden Abendmahlsszene können Konfis so erleben, dass ihre eigenen Erfahrungen mit Schuld und Scheitern einen bewussteren und vergebungsoffenen Raum finden. Das ist etwas anderes, als das Ritual quasi in die Gemeinschaft »hineinzudrücken«, und die Menschen zu Schuldgefühlen erst zu nötigen, die dann der Vergebung harren.

2. Ein zweites Begegnungshemmnis besteht darin, dass viele Konfis Schwierigkeiten haben, einen Text – vor allem in klein und eng bedruckten Konfi-Bibeln – lesend zu verstehen. Freundlich gesetzte Großdruck-Kopien können oft helfen, erfordern aber auch einen Hinweis, wo der Text in der Bibel zu finden ist. Eine Frage ist auch die Übersetzung. Sprachlich und theologisch bevorzugen wir Luther 2017, auch wenn andere Übersetzungen leichter zu verstehen sind. Grundsätzlich ist es wichtig, niemanden zum Lesen zu nötigen und die Texte auf unterschiedliche Weise einzubringen, die nicht unbedingt erfordern, selbst zu lesen.

3. Das dritte Hemmnis ist tiefgründiger. Für viele Konfis ist nicht klar, was das eigentlich für Texte und Geschichten sind: Ist das nicht alles Unsinn? Reine Wunschprojektion? Hat sich das – so die prägende Grundhaltung vor allem in den neuen Bundesländern nach Jahren der DDR-Erziehung – für aufgeklärte Menschen nach Marx und Freud nicht erledigt? Märchen für Kinder und solche, die es noch brauchen oder andere unmündig halten wollen? »Der Herr ist mein Hirte«? Ich bin doch kein Schaf!
Sigmund Freud verstand symbolische Ausdrucksformen seiner Patienten – wie ihre Träume – zunächst als »(verkleidete) Erfüllung eines (unterdrückten, verdrängten) Wunsches« (Freud 1900, S. 175). Nur was verdrängt ist, wird symbolisch dargestellt. Ist der Patient geheilt, wird er nicht mehr solche Symptome ausbilden. So sind für Freud auch religiöse Symbolwelten Illusionen, die sich durch die »Erziehung zur Realität« (Freud 1927, S. 182) erübrigen werden. Joachim Scharfenberg hat Freuds Gedanken aufgegriffen, aber umgedreht: »Nicht die Verdrängung ruft die Notwendigkeit der Symbolisierung hervor, sondern der Verzicht auf den Umgang mit Symbolen schafft Verdrängung« (Scharfenberg/Kämpfer 1980, S. 67). Weil menschliches Leben in seinen Erfahrungen nicht eindeutig ist – und unser Zugang zur »Realität« und »Wirklichkeit« immer schon ein gedeuteter ist –, sind wir darauf angewiesen, diese symbolisch auszudrücken. Erst so werden sie uns zugänglich.

Denises Gottesbild und Felix' Lied-Erfahrung, die biblische Text- und Bildwelten aufgreifen, lassen sich so nicht nur als illusionäre kindliche Wunschprojektionen verstehen. Die symbolische Erfahrung, die sie ermöglichen, ist auch Ausdruck eines christlichen Freiheitsverständnisses.

In der vermeintlichen »Illusion« religiöser Symbolisierungen kann so ein Wahrheitsgehalt zum Ausdruck kommen, der »Lebensgewinn durch Entsprechung zu einer letztgültigen Wirklichkeit« (Theißen 2003, S. 110) verheißt und zugleich »für Resonanz und Absurdität der Wirklichkeit« (Theißen 1978, S. 49) sensibilisiert.

Um Jugendlichen einen Zugang zu biblischen Texten und Bildwelten als symbolischen Ausdruck existenzieller Erfahrungen zu eröffnen, ist es hilfreich, sie selbst anzuregen, eigene bedeutsame Erfahrungen kreativ auszudrücken.[12] In der Regel erleben sie dann, dass sie selbst symbolische Ausdrucksformen, Bildwelten und metaphernreiche Sprache nutzen. Anschließend erschließt sich ihnen auch die Bildwelt des 23. Psalms leichter als Ausdruck existenzieller Erfahrung und

---

12 Vgl. hierzu auch Rosenow 2016.

nicht als geistig verwirrte Illusion. Für einige Texte erfordert der Zugang zu den zugrunde liegenden Erfahrungen besondere Informationen zur Entstehungssituation, zur Lebenswelt, zur Textgattung und zu besonderen Begriffen.

2.2 Religiöse Bildung und die Entwicklungsaufgaben Jugendlicher

Für den kirchlichen Bildungsauftrag gibt es verschiedene biblisch-theologische Begründungen: die Gottebenbildlichkeit, den Schöpfungsauftrag an den Menschen, sich die Erde untertan zu machen, die weisheitlichen Schriften mit dem Auftrag, sich Einsicht zu erwerben und Gutes zu tun, die Warnungen vor Schriftgelehrten und Irrlehrern und die paulinischen Gemeindebilder von vielen Gaben und Ämtern in einem Geist.

Im Hinblick auf konkretes religiöses Bildungshandeln mit Jugendlichen gilt uns besonders Jesus selbst als Beispiel für »sinn-volle« Lehrtätigkeit:

- Über Jesu Jugendzeit ist wenig bekannt. Die einzige Geschichte aus diesen Jahren dreht sich interessanterweise um die Bildungsthematik. Der zwölfjährige Jesus verlässt seine Eltern und findet sich im Tempel, und zwar »mitten unter Lehrern« sitzend. Mit ihnen führt er offenbar leidenschaftliche Gespräche, er hört ihnen zu und fragt sie. Damit zeigt Lukas ein gutes Bild gelungenen Unterrichts: den Dialog. »Wissensdurst« und die Entfaltung der eigenen Fragen gehören zum Kern biblischer Bildungsprozesse.
- Jesus selbst war Lehrer. »… denn er lehrte sie mit Vollmacht und nicht wie ihre Schriftgelehrten« (Mt 7,29), betonen die Evangelisten. Er predigte das Evangelium, heilte Kranke, integrierte Außenseiter und lehrte in den Synagogen. Die Verknüpfung von Verkündigung, Lehre und diakonischem Handeln ist also schon bei Jesus wesentliche Lebensäußerung und auch heute Aufgabe der christlichen Gemeinde.
- Jesus lehrte nicht durch trockenen Theorie-Unterricht, sondern er erzählte Geschichten in bildhaften Gleichnissen. Am praktischen Beispiel aus dem Leben der Zuhörenden bezieht er ihre Alltagserfahrungen in seine Lehre ein. Wenn Jesus der Ehebrecherin begegnet und sie vor der Steinigung rettet durch den Appell: »Wer unter euch ohne Sünde ist, der werfe den ersten Stein auf sie.« (Joh 8,7), dann ist das erfahrungsorientiertes Lernen, Bezug der Lehre zum eigenen Leben.
- Jesus lehrte mit Leib und Seele. Sein Essen, Trinken, Weinen und seine Wut geben Anlass zur Auseinandersetzung. Er berührt die Menschen, denen er begegnet, indem er sie herzt und bei der Hand nimmt, sie aufrichtet und

ihnen die Hände auflegt. Er vermittelt seine Botschaft nicht nur durch Worte, sondern durch körperliches ganzheitliches Tun.[13]
- Der sogenannte Taufbefehl/Missionsbefehl (Mt 28,19 f.) ist gleichzeitig ein Bildungsauftrag: »Darum gehet hin und lehret alle Völker: Taufet sie …« Jesus empfiehlt nicht die Lehre als rein kognitive Maßnahme, er verbindet den Auftrag zu lehren mit einer symbolischen Zeichenhandlung. Lehre und praktisches, körperliches Tun gehören zusammen.

Insofern ist Jesu Verständnis von Bildung für uns Vorbild für unser eigenes religiöses Bildungshandeln. Wir entdecken darin den Ansatz, lebensrelevant und erfahrungsorientiert mit jungen Menschen zu arbeiten, die wir mit christlichen Traditionen in Verbindung bringen möchten.

Das evangelische Bildungsverständnis ist subjektorientiert. Schon im reformatorischen Sinn hat jeder Mensch (auch ein noch nicht erwachsener) die Kompetenz, sich ein eigenes (theologisches) Urteil zu bilden. Deshalb ist das Zentrum der Konfi-Arbeit der Jugendliche selbst mit seinen individuellen Bedarfen und Kompetenzen.

Wie kann so verstandene religiöse Bildung nun Jugendliche im Rahmen der Konfi-Arbeit bei der Bewältigung ihrer Entwicklungsaufgaben unterstützen? Gelungene Konfi-Arbeit lässt die Botschaft des Evangeliums in Verbindung mit dem eigenen Leben erfahrbar werden.
- Durch eine kontinuierliche (zweijährige) oder intensive (komprimierte einjährige) Konfi-Zeit findet Sozialisationsbegleitung durch gute Beziehungsqualität statt. In dieser prägenden Zeit Angebote zu machen, in denen wir Konfis unterstützen, über sich und ihre Umwelt nachzudenken, sich eine eigene Meinung zu bilden und sich vielfältig auszudrücken, unterstützt Konfis in ihrer Identitätsfindung.
- Grundlage für kirchliches Handeln mit Jugendlichen ist die Hoffnung, dass das Evangelium für sie erfahrbar wird. Das kann nur gelingen, wenn wir bei ihren Erfahrungswelten anknüpfen und mit Methoden arbeiten, die jugendgemäß und gleichzeitig authentisch sind.
- Wenn wir in der Konfi-Gruppe basierend auf dem christlichen Menschenbild ein akzeptierendes wertschätzendes Miteinander fördern, wir eine Kultur des Miteinander-Redens, Aufeinander-Eingehens in der Gruppe etablieren, in der jede zu Wort kommt und man einander konstruktive Kritik und Feedbacks gibt, können das Selbstwertgefühl stabilisiert und gleichzeitig soziales Lernen gefördert werden.

---
13 Siehe Thiele-Petersen (2018, S. 25–28).

- Theologische Gespräche mit Jugendlichen (Fragen und eigene Antworten auf existenzielle Fragen des Lebens) befähigen die Konfis, sich selbst ein Urteil zu bilden.
- Durch Beispiele aus biblischen Geschichten und der Botschaft Jesu, bezogen auf das eigene Leben, können Werte vermittelt werden, die Orientierung geben.
- Verschiedene soziale Rollen können durch Identifikation mit Bibelfiguren im Rollenspiel eingeübt und reflektiert werden. Durch Handlungsspielräume in dem Erleben von biblischen Geschichten entsteht eine Horizonterweiterung für das eigene Leben.
- In gemeinschaftsbildenden Kooperationsübungen entdecken Konfis, dass alle Rollen in Gruppen wichtig sind und jeder Mensch ein einzigartiges Geschöpf Gottes und ein wichtiger Teil für die Gemeinschaft ist.

2.3 Spirituelle Gemeinschaftserfahrungen und ihre Bedeutung für das Leben der Jugendlichen

Die Konfirmandenzeit öffnet Jugendlichen einen besonderen Erfahrungsraum neben Schul-, Familien- und Freizeit-Räumen wie vor allem Sport oder Musik. Das Besondere an diesem Raum und in dieser Zeit ist, dass wir als Unterrichtende einzeln oder im Team hier bewusst im Beziehungsdreieck *einzelner Konfi – Gruppe – Gott* in einem für Gott offenen Raum an der Deutung eigener Erfahrungen und der Ermöglichung neuer Beziehungserfahrungen arbeiten. Wir verbinden uns und spüren Verbindungen auf. Ist die Adoleszenz an sich eine »zweite Chance«, eingefahrene Beziehungsmuster aus der Kindheit neu zu gestalten, so erleben nicht wenige Jugendliche in der Konfi-Zeit einen Raum, in dem sie sich selbst anders erleben und andere Beziehungserfahrungen als im System Schule oder Familie machen können.

Bereits für die Ermöglichung symbolischer Erfahrung in der Begegnung mit biblischen Texten und Bildwelten und dem Teilen eigener Erfahrungen – wie wir sie unten weiter konkretisieren werden – wurde deutlich, welche Bedeutung dies für Jugendliche haben kann.

Die Konfirmandenzeit ermöglicht jedoch spirituelle Erfahrungen auch in besonderen Ritualen am Anfang und Ende der Konfi-Einheiten, in Andachten und Gottesdiensten, im Beten, in Tauf- und Abendmahlsfeiern. Leider erfahren Konfis oft, dass klassische Gemeindegottesdienste langweilig sind, keine wirkliche Gemeinschaftserfahrung ermöglichen und irgendwie mit ihnen nichts zu tun haben. Rituale am Anfang und Ende der Konfi-Einheiten, Andachten, Taufen oder Abendmahlsfeiern auf Konfi-Wochenenden oder Konfi-Camps haben für sie jedoch oft eine große Bedeutung, wenn bzw. weil sie mit konkreten Erfahrungen von Gemeinschaft verbunden sind, sie in der Regel eigene Erfahrungen einbringen und selbst mitwirken können. Was sie hier erfahren, kann ihr Vertrauen in Gott, sich selbst und andere nachhaltig stärken.

Rituale zu Beginn und am Ende der Konfi-Einheiten können helfen, innerlich den Übergang dahin zu schaffen, dass es nun darum geht, andere Fäden (Schule, Familie, (Smartphone-)Freunde) vorübergehend loszulassen und uns neu mit uns selbst, den anderen der Gruppe und Gott zu verbinden. Es hat sich bewährt, z. B. mit einer trinitarischen Eröffnung, bei der drei Kerzen angezündet werden (»Wir sind jetzt hier zusammen im Namen …«), zu beginnen, der Möglichkeit, einen Stein für Schweres abzulegen, ein Licht für Helles anzuzünden. Aus dem Team kann die entstehende Landschaft in ein Gebet gefasst werden: »So sind wir da. Danke für alles Helle in unserer Mitte! Was schwer ist, Gott, nimm es auf. Verwandle es oder hilf uns, es zu tragen. Jetzt sind wir da, jede und jeder für sich, wir zusammen und du.« Steine und Lichter können wortlos gelegt werden. Bei kleineren vertrauteren Gruppen kann dazu auch etwas gesagt werden. Ein Gebetslied wie »O Lord, hear my prayer« (Taizé) kann während des Rituals leise gesungen werden. Zu einem Teil des Eingangsrituals kann auch gehören, dass jeweils ein Konfi eine symbolische Erfahrung mitbringt: ein Lied, ein Bild, ein Text, ein Videoclip, ein Abschnitt aus der Bibel, das/der ihn irgendwie – oder auf das Thema der Einheit bezogen – berührt hat.

Für das Ende der Konfi-Einheit haben sich Vaterunser und (aaronitischer) Segen – im Kreis mit empfangender Hand in die Mitte, segnender Hand über der Schulter des Nachbarn – bewährt.

Wiederkehrende Ritualelemente in (Jugend-)Gottesdiensten, besonderen Gottesdiensten zur Begrüßung, zur Vorstellung, als Reisesegen und zur Konfirmation, Konfi-Einheiten, Teamtreffen und Andachten können sich gegenseitig im Rahmen einer »liturgischen Landschaft« der Gemeinde tragen und fördern.

Singen kann zu einer besonderen spirituellen Gemeinschaftserfahrung werden, in der alle gleichzeitig gemeinsam die Stimme erheben und etwas Schönes dabei herauskommt, was tragen und bewegen kann. Zugleich ist die Stimme gerade in der Pubertät ein sensibler Punkt. Wir haben gute Erfahrungen damit gemacht, lieber sehr kurze, sich wiederholende Lieder zu singen, die man im Kopf behalten kann. Sie lassen sich gut einüben über *call and response,* versweise verteilt auf Jungen/Mädchen, abwechselnd sitzend/stehend.

Ein eigenes Thema sind *Konfi-Taufen,* in denen die Bedeutung des Einzelnen vor Gott in der Gruppe inszeniert werden kann (Franke 2011), und *Abendmahlsfeiern* in schlichter Form, die einen symbolischen Raum dafür inszenieren und öffnen, wie wir von »›einem ›asozialen‹ Lebewesen, das auf Kosten anderen Lebens lebt, zum ›kooperativen‹ Menschen, der solidarisch Leben teilt und schenkt« (Theißen/Merz 2001, S. 384), werden können.

Im Blick auf *Konfis und klassische Gemeindegottesdienste* sind uns drei Aspekte wichtig:

1. Wenigstens ein Minimum an *Begegnung mit der anwesenden Kerngottesdienstgemeinde* ermöglichen, damit beide sich »angesehen« und »sicher« fühlen können. Hierzu ist es hilfreich, Menschen aus der Kerngemeinde und Mitarbeitende zur Konfi-Zeit einzuladen, sich auf ihren Stammplatz in der Kirche zu setzen und sich von je zwei Konfis interviewen zu lassen (Meyer 2012, S. 82). Im nächsten Gottesdienst ist zu hoffen, dass es zu wiedererkennenden freundlichen Blickwechseln kommt und die reale Beziehungsszene nicht alle inhaltlichen Dimensionen des Gottesdienstes konterkariert.

2. Den Konfis ein *Verständnis dafür eröffnen, dass gerade die fremden liturgischen Stücke einladende Behältnisse sind,* eigene aktuelle Gedanken und Gefühle hineinzugeben und sich so im Angesicht Gottes ein wenig zu sortieren. So hat es sich bewährt, die Jugendlichen zu bitten, sich einfach einen Platz in der Kirche zu suchen, drei Minuten ihren Gedanken und Gefühlen freien Lauf zu lassen und einiges davon jeweils auf ein Kärtchen zu schreiben (Garscha 2012, S. 18). Die Kärtchen, die anonym veröffentlicht werden dürfen, werden gesammelt und gemischt auf einen verdeckten Stapel auf den Altar gelegt. Dann wird der Wechselgesang von Kyrie und Gloria besprochen und miteinander geübt. Der Reihe nach tritt dann je ein Jugendlicher an den Altar, liest ein Kärtchen vor und entscheidet, ob es hier eher um die Frage nach Erbarmen (Kyrie) oder ein freudiges Gloria geht. Entsprechend singt er Kyrie oder Gloria am Altar und die Gruppe antwortet jeweils mit dem Gemeindeteil.

   Eine Art »Kraftschöpf-Ritual« entsteht, wenn wir die *salutatio* mit den Konfis im Kreis singend üben. Einer tritt in den Kreis und öffnet die Arme: »Der Herr sei mit euch!«, die Gruppe antwortet: »Und mit deinem Geist!«, der Konfi tritt wieder aus dem Kreis und die Nachbarin tritt in den Kreis.

3. So wie die eben genannten Übungen das Ziel haben, Konfis innere Beteiligung im Gottesdienst zu ermöglichen, so geht es auch darum, *Konfis konkret im Gottesdienst selbst Beteiligung zu ermöglichen.* Eine Voraussetzung dafür ist, dies langfristig mit den Konfis einzuplanen: von der Begrüßung am Eingang – die man in Rollenspielen üben kann – über das Verteilen von Gesangbüchern, der trinitarischen Eröffnung mit drei Kerzen, Gebete und Lesungen – in verteilten Rollen – bis zur Kollekte und Mitgestaltung eines konfi-kompatiblen »Kirchencafés«. Ein *Beispiel für szenisch begleitete Lesungen – des*

Predigttextes – sei hier kurz beschrieben[14]: Die Konfi-Gruppe steht im Kreis und hört den Lesungstext einmal. Verständnisfragen werden geklärt. Dann hört die Gruppe noch einmal den Text und jeder merkt sich ein Wort, das ihm irgendwie auffällt. Danach gehen alle einen Moment mit ihrem Wort, das sie laut aussprechen, durch den Raum und finden eine Geste dazu, die nicht unbedingt das Wort selbst darstellt, sondern einen Gefühlsausdruck, der mit dem Wort verbunden ist. Im Kreis wird der Text noch einmal langsam gelesen. Kommt eines der gewählten Worte vor, tritt die entsprechende Person in den Kreis mit Wort und Geste. Beides wird von allen im Kreis wiederholt. Anschließend wird darüber gesprochen, welche Worte aus dem Text von dieser Gruppe gewählt wurden, zu welchen Überraschungen es kam, welche Alltagserfahrungen jeweils mit den Worten und Gesten verbunden sind und was das alles mit dem Text selbst zu tun haben könnte. Im Gottesdienst kann das Ganze – oder eine konzentrierte Form daraus – nach der reinen Textlesung noch einmal verstärkend als zur Gemeinde hin geöffnete, szenisch begleitete Lesung vorgestellt werden. Aus der Gestaltung und dem Gespräch ergeben sich in der Regel zahlreiche Anknüpfungspunkte für die Predigt. Die Konfis erleben so, dass sie auch in der Predigt vorkommen – wenn sie diese nicht sogar selbst mitgestalten.

Für Jugendliche können spirituelle Gemeinschaftserfahrungen in der Konfi-Zeit, die sich dadurch auszeichnen, dass die Beziehung zu sich selbst und zu den anderen immer noch einmal trianguliert wird durch die Gottesbeziehung, nachhaltig Vertrauen in sich, in andere, in Gott und das Leben fördern.

---

14 Diese Anregung aus einer Zusammenarbeit mit Carola Gundelwein-Silva und viele weitere finden sich in Franke (2012). Auch aus den praktischen Einheiten dieses Buches lassen sich – nach vorheriger Absprache und Zustimmung der Konfis – Gestaltungen für den Verkündigungsteil eines Gottesdienstes oder Andachten entwickeln.

3 Der Ansatz erfahrungsorientierter Methoden mit Konfis

3.1 Verknüpfung mit eigenen Lebenserfahrungen

Junge Menschen im Konfi-Alter in Begegnung mit biblischen Geschichten und christlichen Traditionen zu bringen, indem sie eine Bedeutung für ihr eigenes Leben darin spüren, kann unserer Meinung nach nur über den Weg der erfahrungsorientierten Methoden geschehen, weil diese die Verknüpfung von Leben und Bibel bewirken.

In der erfahrungsorientierten Konfi-Arbeit, die symbolische Erfahrungen ermöglicht, geht es darum, biblische Geschichten mit der eigenen Lebenswelt (Gefühle, Konflikte, Lebensräume) der Konfis zu verbinden, damit sie ihnen näherkommen und sie besser verstehen. Durch Identifikation und Auseinandersetzung mit Figuren und Symbolen einer Geschichte wird diese Verbindung geschaffen.

Wir wissen aus der Lerntheorie, dass wir Dinge besser behalten, je mehr wir selbst darin handeln. Wer nur hört, vergisst schnell, wer sieht, behält etwas mehr, wer selbst etwas tut, am meisten. Dieser Effekt wird noch gesteigert, wenn das, was ich tue, nicht nur ein Reproduzieren oder Nachmachen ist (z.B. im Rollenspiel einen vorgegebenen Text aufzusagen), sondern wenn ich es selbst mit erarbeitet habe und meine eigenen Gedanken darin stecken. Am allerbesten ist es, wenn diese Gedanken nicht nur fiktiv sind, sondern aus meinen Lebenserfahrungen und eigenen Bildern und Gefühlen entstehen.

Für uns geht es beim »Lernen« in der Konfi-Arbeit nicht um Wissensvermittlung im Sinne von Auswendiglernen, sondern um Lernen für das Leben in dem Sinne, neue Erfahrungen zu machen, die im Leben weiterbringen, indem sie den Handlungsspielraum erweitern und Anregungen für das eigene Denken und Verhalten bieten. Über diese Formen der Aneignung ist es ein Nebeneffekt, dass nach einer intensiven und emotionalen Beschäftigung mit einem Text dieser hinterher auch oft im Wortlaut gespeichert wird.

Die Entdeckung, dass Personen der Bibel, z.B. ein verzweifelter Psalmbeter, ein vor Liebeskummer kranker Jakob, eine eifersüchtige Schwester Martha oder ein gescheiterter verlorener Sohn, die gleichen Gefühle haben wie ich heute, kann schon zu großer Überraschung und Nähe führen. Wenn ich meine Gedanken, die aufgrund meiner eigenen Lebenssituation entstanden sind, in die Erarbeitung einer Bibelgeschichte einbringen kann, habe ich etwas beizutragen, bin aber gleichzeitig geschützt, weil ich über die Rolle und ihre möglichen Gefühle spreche. Das bedeutet, dass die Konfi-Gruppenleitung bei der Methodenwahl darauf achtet, dass eigene Lebenserfahrungen der Konfis vorkommen können. Verbindungen zum Konfi-Leben entstehen dabei auf verschiedenen Wegen: Ich starte bei ihren eigenen Lebenssituationen und Themen, die sie selbst benennen, oder sie entdecken ihre Gefühle und Parallelität zu eigenen Erfahrungen in den Bibeltexten.

Das Entscheidende ist, dass der Pfarrer oder die Gemeindepädagogin den Konfis im Rahmen der Methode den Resonanzraum für eigene Erfahrungen lässt. Das heißt, dass die Leitung nicht vorher weiß, was am Ende dabei herauskommen soll, was das »Lernziel« ist, sondern den Jugendlichen ermöglicht, das Thema innerlich zu bewegen, und einen Prozess anstößt, es in sich arbeiten zu lassen. Das geschieht vor allem in prozessorientierten Methoden, die einen im weitesten Sinne kreativen Weg gehen, der es erlaubt, eigene Gedanken auf eine je individuelle Weise auszudrücken.

Während solcher kreativer Phasen, sei es darstellerisch bei der Erarbeitung eines Rollenspiels oder ästhetisch bei der Gestaltung mit Material, tauchen aus den tiefen, manchmal unbewussten Schichten der Erinnerung Gedanken auf, die im Wechselspiel mit dem Thema von außen weiterführen. Die Erfahrungen, die in Spielprozessen mit biblischen Geschichten gemacht werden, dienen der Textauslegung und gleichzeitig der Selbsterkenntnis.

Am Ende der Einheit hat jeder einzelne Konfi im Idealfall eine biblische Geschichte kennengelernt und eine »Beziehung« zu biblischen Figuren bekommen, weil er sich mit ihnen identifiziert hat. Er wird diese Geschichte nicht vergessen, weil er sie mit eigenen Gefühlen und Handlungen verbinden kann, und er hat dabei auch noch etwas über sich selbst entdeckt, das sein Leben bereichert.

3.2 Resonanzerfahrungen ermöglichen

Wenn wir in unseren Konfi-Gruppen symbolische Erfahrung in der Begegnung mit biblischen Texten ermöglichen wollen, so geht es uns um Resonanzerfahrungen zwischen Konfis und biblischen Texten. Wir lassen uns durch Texte und Menschen »berühren« und begegnen Menschen und Texten, indem wir unsere Erfahrungen und damit verbundene Emotionen an diese herantragen.

Dabei geht es nicht um Echo- oder Spiegeleffekte, sondern um Begegnungen, aus denen beide Seiten verändert hervorgehen können.

»Resonanz ist keine Echo-, sondern eine Antwortbeziehung; sie setzt voraus, dass beide Seiten *mit eigener Stimme* sprechen, und dies ist nur dort möglich, wo starke Wertungen berührt werden. Resonanz impliziert ein Moment konstitutiver Unverfügbarkeit. Resonanzbeziehungen setzen voraus, dass Subjekt und Welt hinreichend ›geschlossen‹ bzw. konsistent sind, um mit je eigener Stimme zu sprechen, und offen genug, um sich affizieren oder erreichen zu lassen. Resonanz ist kein emotionaler Zustand, sondern ein Beziehungsmodus. Dieser ist gegenüber dem emotionalen Inhalt neutral. Daher können wir traurige Geschichten lieben« (Rosa 2016, S. 298)

So wie Felix es uns gezeigt hat.

Konfis und Unterrichtende erleben immer wieder auch entfremdete Beziehungen, in denen Resonanz verstummt ist. Ein Pastor beschrieb kürzlich, dass er den stillen Konfi-Raum betrat und erschrocken zusammenzuckte, weil schon alle da waren. Alle an ihrem Smartphone ohne Resonanz zwischen den Anwesenden. Hartmut Rosa bezeichnet Entfremdung als eine

»spezifische Form der Weltbeziehung, in der Subjekt und Welt einander indifferent oder feindlich (repulsiv) und mithin innerlich unverbunden gegenüberstehen. Daher kann Entfremdung auch als *Beziehung der Beziehungslosigkeit* (Rahel Jaeggi) bestimmt werden. Entfremdung definiert damit einen Zustand, in dem die ›Weltanverwandlung‹ misslingt, sodass die Welt stets kalt, starr, abweisend und nichtresponsiv erscheint. *Resonanz* bildet daher ›das Andere‹ der Entfremdung – ihren Gegenbegriff. Depression/Burnout heißt der Zustand, in dem alle Resonanzachsen stumm und taub geworden sind. Man ›hat‹ beispielsweise Familie, Arbeit, Verein, Religion etc., aber sie ›sagen‹ einem nichts: Es findet keine Berührung mehr statt, das Subjekt wird nicht mehr affiziert und erfährt keine Selbstwirksamkeit. Welt und Subjekt erscheinen gleichermaßen als bleich, tot und leer.« (Rosa 2016, S. 316)

In der pubertären Lebensphase der Konfis schließt sich das zuvor kindlich offene »Subjekt […] mit dem Ergebnis, dass die Welt in allen ihren Ausschnitten plötzlich als etwas fremd Entgegentretendes erfahren wird. *Was habe ich mit diesen Leuten zu schaffen? Was mache ich hier eigentlich?*« (Rosa 2016, S. 322 f.) Durch Entfremdungserfahrungen hindurch wandeln sich die Resonanzverhältnisse nun von fraglos vorgefundenen zu »gewählten oder, besser: *gefundenen, reflektierten und erkämpften* Resonanzbeziehungen« (Rosa 2016, S. 323 f.). In diesem Prozess möchten wir die Jugendlichen begleiten, indem wir resonante Beziehungen in der Gruppe, zu biblischen Texten und Gott ermöglichen. Dies ist auch ein Grund, warum wir das vermeintlich schwierige Alter von 12 bis 14 Jahren für die Konfi-Zeit für so sinnvoll erachten.

3.3 Mit allen Sinnen, kreativ, ganzheitlich aktiv, individuell und inklusiv

Verschiedene kreative Methoden können alle Bereiche des Menschen erreichen (Bewegung, Fantasie, Handwerklich-Künstlerisches, Rollenspiel). Erfahrungsorientierte Methoden ermöglichen verschiedene Wege, um sich ein Thema anzueignen:[15]

- Basal-perzeptiv: Dieser Weg spricht die sinnliche Wahrnehmung an. Konfis nehmen sich selbst und ihre Umgebung wahr. Sie hören, sehen, schmecken, fühlen, spüren, bewegen sich und werden bewegt.
- Konkret-gegenständlich: Durch aktives Tun und Handeln entdecken Konfis sich selbst und ihre Umwelt. Sie lernen praktische Fähigkeiten und wenden sie konkret an.
- Anschaulich: Konfis entwickeln Vorstellungen und Bilder, im Rollenspiel erproben sie Verhalten, sie versetzen sich in andere hinein und stellen etwas dar.
- Abstrakt-begrifflich: Mithilfe von Zeichen und Symbolen nehmen sie die Welt wahr über Texte und gedankliche Auseinandersetzung.

Erfahrungsorientierte Methoden sind ganzheitlich und sprechen verschiedene Ebenen des Menschen an: Kopf, Herz und Hand (Verstand, Gefühl und Verhalten). Im Wechselspiel der drei Ebenen geschieht Weiterentwicklung, indem eine Anregung auf der einen Ebene auch die andere verändert. Wenn wir etwas mit Leib und Seele erfahren, werden andere Schichten im Bewusstsein und Unterbewusstsein angesprochen. Das Körpergedächtnis vertieft das Verstehen, sodass es immer »sinn-voll« ist, neben Sprache eine Methode anzubieten, die über das Tun mit dem Körper geschieht, z. B. handwerkliches Gestalten oder Körperausdruck.

Entscheidend für erfahrungsorientiertes Arbeiten ist auch, dass es Individualität ermöglicht. Es fördert Kreativität und individuelle Schöpfungskraft, indem

---

15 Vgl. zu den Aneignungswegen – die man auch als Ausdruckswege verstehen kann – Schweiker (2012, S. 42–44).

jede auf ihre eigene Weise etwas ausdrücken kann. Hierbei geht es nicht um gemeinsames »Basteln«, indem alle etwas Gleiches herstellen, das womöglich auch noch hübsch aussehen soll oder um bloße Abbildung (Fotografie/Video), sondern um den Ausdruck von etwas, das in mir ist und dem ich eine eigene Gestalt gebe. Das bekannte »Nachspielen einer biblischen Geschichte« erfüllt auch noch nicht die Kriterien für erfahrungsorientiertes Rollenspiel. Ein bloßes Nachspielen nach Anweisung verbindet noch nicht mit Eigenem. Für ein echtes Erleben einer Bibelgeschichte mit eigenem Bezug ist es nötig, der Textgrundlage eine eigene Ausdruckskraft und somit eine eigene Deutung zu geben. Wenn Konfis einer biblischen Figur eine Stimme verleihen und ihre möglichen Gefühle in eine Körperhaltung bringen oder als Satz ausdrücken, dann werden diese Gedanken aus inneren Bildern gespeist, die auf eigenen Lebenserfahrungen basieren.

Kreative Prozesse Einzelner oder in Gruppen werden durch Begrenzung des Gestaltungsraumes, des Materials und der Zeit oft erst ermöglicht, weil so ohnehin klar ist, dass es hier nicht um eine perfekte Bleistiftfeinzeichnung oder einen Roman geht. Ausdrucksstarke Gruppenkunstwerke oder Vierzeiler können in wenigen Minuten entstehen.

Erfahrungsbezogene Methoden kommen in unterschiedlicher Ausprägung in verschiedenen Ansätzen vor: im Bibeltheater (z. B. Hübner/Langbein 1997), Bibliolog (z. B. Pitzele 1998; Pohl-Patalong 2013) und im Bibliodrama (z. B. Martin 1995; Aigner 2015; Warns/Fallner 1999). Eine körperorientierte Rollenarbeit oder szenische Improvisationen zu einer biblischen Geschichte können Elemente eines Bibliodramas sein, können aber auch als Hinführung in ein Bibeltheater dienen, je nach Ausrichtung der Reflexion bzw. Produktcharakter/Aufführungskontext.

Nicht zuletzt entsprechen erfahrungsorientierte Methoden dem Gedanken der Inklusion insofern, dass alle mitmachen können. Je nach individuellen Neigungen, Möglichkeiten, Geschlecht, Talenten, Grenzen, Einschränkungen geistiger oder körperlicher Art, Bildungsstand ... können Konfis sich ausdrücken, ohne dass es ein Richtig oder Falsch gibt. Klassische kopforientierte Methoden schließen viele Jugendliche aus und ermüden andere. Abwechslung und Vielfalt in der Wahl der Methoden ermöglichen jedem, vielleicht nicht in jeder Stunde, aber immer mal wieder, besonders angesprochen zu sein, weil seine liebste Ausdrucksform an der Reihe ist. Nicht jeder malt gern, nicht jede freut sich an Rollenspielen, aber ein häufiger Methodenwechsel garantiert, dass niemand ganz abgehängt wird, weil immer für alle etwas dabei ist.

Vertiefende Methoden zur Auswertung und Reflexion, um mit Jugendlichen theologische Gespräche zu führen, sind neben der Gestaltung nötig (s. Kap. 4.6).

3.4 Spielerische Erprobung als Erweiterung von Handlungsspielräumen

Erfahrungen, die spielerisch in einem geschützten Raum unter pädagogischer Anleitung erprobt wurden, können den Handlungsspielraum für das reale Leben erweitern. Was ich einmal im Spiel erlebt habe, merkt sich mein Körper und auch meine Seele speichert diese Erfahrung. Spiel *(play)* meint dabei jedes Handeln, das in einer Übungssituation improvisiert werden darf, das heißt, jede Form von Körperübungen, Spielen *(games)*, Rollenspielen, Theaterformen, erlebnispädagogischen Übungen, Kooperationsübungen usw. In ähnlichen Situationen rufen das Körpergedächtnis und das Unterbewusstsein diese »im Spiel bewährten« Erfahrungen ab und animieren zu aktivem Handeln.[16]

Die Konfi-Gruppe ist natürlich auch – zumindest aktuell und zeitlich befristet – ein Bestandteil des wahren Lebens, aber dennoch ein einigermaßen geschützter Raum unter pädagogisch und seelsorgerlich geschulter Leitung. Für diesen Raum gelten deshalb zum Teil andere Regeln, Rollen und Möglichkeiten als zum Beispiel im ähnlichen Gruppenkontext in einem Klassenverband, in dem schulische Atmosphäre, Leistungsdruck, Benotung und Pflicht einen anderen Raum schaffen als »bei der Kirche«. Die Konfi-Gruppe ist deshalb gut geeignet, als Raum für Probehandeln für das aktuelle Leben außerhalb der Gruppe und das zukünftige Leben zu wirken. Was ich einmal im Spiel gewagt habe, traue ich mir dann womöglich auch im Leben außerhalb der Gruppe zu. Deshalb messen wir diesen Erfahrungen, die durch vielfältige ganzheitliche Methoden angeregt werden können, eine große Bedeutung bei:
- gemeinsam als Gruppe Regeln für den Umgang untereinander entwickeln,
- in Reflexionsrunden und im Spiel vor einer Gruppe laut sprechen,
- im Feedback Kritik angemessen und konstruktiv formulieren und annehmen,
- in der erlebnispädagogischen Übung eine eigene Grenze (z. B. von Peinlichkeit oder Angst) überschreiten und daran wachsen,
- in Körperübungen anderen eine Grenze deutlich machen (Nein sagen),
- in einem kreativen Prozess ein Produkt erschaffen und es anderen zeigen/ausstellen,
- durch Imaginationsübungen Zugang zu eigenen Gefühlen bekommen,
- in Vertrauensübungen sich auf andere verlassen, sich fallen lassen und aufgefangen werden,

---

16 Boal (2013, 6. Aufl.) in seinem »Theater der Unterdrückten« geht davon aus, dass im Spiel erprobte Lösungen für Erfahrung von Unterdrückung im realen Leben befreien können.

- in Bewegungsübungen den eigenen Körper wahrnehmen und ausdrucksfähig machen,
- über Gefühle reden und erfahren, dass ich damit akzeptiert werde,
- in einer bibliodramatischen Übung aus einer passiven Haltung heraustreten und ins aktive Handeln kommen,
- im Rollenspiel jemandem mutig entgegentreten,
- in der Entwicklung einer Spielszene Lösungen für Konflikte finden,
- Körperkontakt zulassen und in angemessener Weise damit umgehen,
- im Interview-Rollenspiel verschiedene Ebenen menschlichen Denkens, Fühlens und Verhaltens unterscheiden und ausdrücken.

Durch das Ermöglichen all solcher Erfahrungen unterstützen wir Jugendliche nicht nur bei den Entwicklungsaufgaben auf dem Weg zum Erwachsenwerden, sondern stärken unsere Konfis für das ganze Leben.

3.5 Übersicht über gestalterische und darstellerische erfahrungsorientierte Methoden[17]

Gestalterische (ästhetisch-künstlerische) Methoden

- *Kreatives Schreiben*
  Zu einem Wort aus dem Bibeltext entsteht ein Elfchen, ein Wort-ABC, eine Text-Collage oder ein Brief.
- *Poetry-Slam*
  Einen eigenen Text schreiben und vortragen.
- *Brief schreiben*
  Aus der Sicht einer Bibelfigur (in Ich-Form) einen Brief an mich heute schreiben oder ich selbst schreibe an die biblische Figur: Was ich gern von dir hätte, was ich nicht verstehe, was ich dir aus meiner Erfahrung sagen möchte.
- *Freies Malen*
  Ein abstraktes Bild zu Gefühlen einer Bibelfigur oder der Stimmung eines Motivs (z. B. Vertrauen in Ps 23) malen.

---

17 Ausführliche Beschreibungen vieler dieser Methoden finden sich in Kap. 5 sowie in Franke/Thiele-Petersen (2018) und Ebinger/Haller/Sohn (2018). Zur individuellen Gestaltung von Bibeleinbänden s. Kammerer (o. J.).

- *Übermalung*
  Ein klassisches Bild einer biblischen Szene (z. B. Leonardo da Vincis Abendmahl) als Schwarz-Weiß-Kopie mit eigenen Gedanken zum Thema übermalen.
- *Gruppenbild-Maldialog*
  Zu einem Thema entsteht ohne Worte auf einem großen Papier ein Maldialog.
- *Fotografie*
  Zum Thema werden eigene Fotos (Handy) gemacht, eine Fotostory oder Trilogien entstehen, werden ausgedruckt und ausgestellt. Es geht nicht um »Abbildung«, sondern eigene »Kunstwerke«.
- *Bibeltext gestalten*
  Einen Bibeltext aufschreiben und verzieren, bemalen, ergänzen, sodass ein persönlicher Ausdruck des Textes entsteht (vgl. www.bibleartjournaling.de).
- *Bibelspruch im Schuhkarton*
  Ein Bibelvers (z. B. Konfirmationsspruch oder ein Psalmwort) wird in einem Schuhkarton mit diversen Materialien wie ein Bühnenbild gestaltet.
- *Kunstobjekt*
  Mit wenigen einfachen Materialien wird zum Thema ein abstraktes Kunstobjekt gestaltet.
- *Gruppenkunstwerk*
  Alle gestalten gemeinsam ein großes Kunstobjekt zum Thema.
- *Erlebnisraumgestaltung*
  Einen begehbaren Ort gestalten, der das Thema für andere erfahrbar macht.
- *Videofilm drehen*
  Szenen schreiben, drehen und aufführen.
- *Lieder, Raps*
  Eigene Lieder oder Raps schreiben und aufführen.

Darstellerische Methoden

Standbilder

- *Bildhauer*
  Einer ist Bildhauer, eine ist Ton; die Partnerin als Standbild der Bibelfigur bauen.
- *Figurenstatue*
  Eine Figur aus der Geschichte wählen, nacheinander bauen sich die Konfis als einzelne Statuen zu einem Gesamtbild in verschiedenen Momenten der Geschichte auf.
- *Gruppen-Standbild*
  Zu einem abstrakten Thema (z. B. »Gerechtigkeit«): Einer stellt sich hin, die

Nächste guckt das Bild an, stellt sich dazu, sodass allmählich eine Gruppenstatue entsteht.
- *Stop and move*
Einen wichtigen Moment der Geschichte als Standbild stellen, von da aus eine bewegte Szene improvisieren und in neuem Standbild enden.

Rollenspiel-Variationen

- *Freeze*
Rollenspiel zwischendurch stoppen, alle frieren ein und werden in ihrer Rolle befragt: Wie geht es dir jetzt? Was wünschst du dir?
- *Begegnungen*
Zwei Bibelfiguren treffen sich und reden miteinander: Wo sind Konflikte? Gibt es gemeinsame Themen im Leben? Was haben sie sich zu sagen?
- *Gruppen-Improvisation*
Jeder wählt sich eine Rolle, stellt sich mit seiner Bewegungsart vor und endet in einer Statue. Von da aus beginnt ein freies Gruppenspiel, das zwischen den Zeilen spielt.
- *Damals + heute*
Eine Geschichte wird zunächst auf der biblischen Ebene gespielt und dann auf heute übertragen; dafür einen Spielort überlegen (Schulhof, Einkaufszentrum).

Bewegung und Tanz

- *Wort und Geste*
Ein Wort aus dem Text wählen, das mich besonders anspricht und für dieses Wort eine Geste finden, die die Stimmung/Atmosphäre/das Motiv des Wortes ausdrückt.
- *Gebet in Bewegung*
Für Gebete verweise Gebärden finden und gemeinsam als Ritual beten.
- *Bibeltext in Bewegung*
Einen Text hören, dazu spontan intuitiv die Worte bewegen.
- *Körpersprache für eine Bibelfigur finden (Rollenarbeit)*
Für eine biblische Rolle eine ganzkörperliche Bewegungsart finden.
- *Tanzimprovisation*
Einen Bibeltext über tänzerische Improvisation erleben.
- *Showtanz*
Als Gruppe eine tänzerische Performance als Ausdruck eines Textes entwickeln.

Elemente aus dem Bibliodrama

- *Bibelgeschichte nacherleben*
  Situationen aus dem Text werden nacherlebt. Jeder versetzt sich in jede Figur hinein, findet einen eigenen Ausdruck dafür und sagt etwas aus der Rolle heraus.
- *Rollen-Befragungen (vereinfachte Form von Bibliolog)*
  Ein Bibeltext wird versweise gelesen. Alle versetzen sich in verschiedene Rollen hinein und werden nach Gedanken in dieser Situation befragt.
- *Interview-Rollenspiel mit Fragen der Gewaltfreien Kommunikation (GFK)*
  Jede Rolle einer Geschichte wird durch mehrere Personen besetzt und im Interview befragt nach Beobachtungen, Gefühlen, Bedürfnissen und Wünschen.

B Methoden und Entwürfe für Konfi-Stunden

4 Vorbereitung einer erfahrungsorientierten Konfi-Einheit – 7 Schritte vom Thema zum Stundenablauf

4.1 Die Konfis und das Thema

Klassische Konfirmanden-Kursbücher gehen von einem (für uns kircheninterne erwachsene Unterrichtende) nötigen Curriculum aus, das es zu behandeln und vermitteln gilt. Wir gehen hier von der Frage aus, welche Lebensthemen und Erfahrungswelten (altersspezifisch bedingt, vom sozialen Umfeld her geprägt und ganz individuell biografisch) unsere Konfis haben. Erfahrungsorientiertes subjektbezogenes Arbeiten mit Konfis erfordert einen Ansatz, der auf den Lebensthemen, Erfahrungsbereichen und Gefühlswelten der Konfis beruht. Diese jugendlichen Erfahrungswelten wollen wir zugrunde legen. Dabei geht es uns auch darum, Konfis direkt zu beteiligen. Wenn man Konfis fragt, welche Themen sie gern in der Konfi-Zeit bearbeiten möchten, fallen unserer Erfahrung nach vor allem Stichworte wie: Freundschaft, Gemeinschaft, Frieden, Sinn des Lebens, Gerechtigkeit.[18] Zu diesen Themen möchten wir deshalb arbeiten, weil wir annehmen, dass es die Konfis interessiert und sie Eigenes beizutragen haben bzw. ihren Erfahrungshorizont zu diesen Themen erweitern möchten.

Ausgangspunkte, um zu Themen der Konfis zu kommen:
- Ausgangspunkt können Lebensthemen sein, die sich aus der Entwicklungsphase der Pubertät von selbst ergeben, oder die ganz individuellen eigenen Lebenserfahrungen der Konfis in meiner Gruppe, zu denen ich dann einen Bibeltext finde und die ich mithilfe von dazu passenden kreativen Methoden in Verbindung bringe.
- Ausgangspunkt kann auch ein Bibeltext sein. In diesem Text finden die Konfis – vor aller Deutung durch die Leitung – zunächst ihre eigenen Lebenserfahrungen und Gefühlswelten wieder, die sie dann mit denen der biblischen Personen verknüpfen.

---

18 Vgl. die bundesweite Befragung Schweitzer u. a. (2016) zu CL01–CL21.

Hinführende Übungen, um zu den Themen der Konfis zu kommen:
- (Vermutete) Erfahrungsbereiche von Konfis werden als Stichwortkarten ausgelegt (z. B. Anerkennung, Vertrauen, Selbstvertrauen …). Jeder ordnet sich einem Wort zu, zu dem er gerade einen Bezug hat. In Kleingruppen tauschen sich die Konfis zu dem Wort aus und teilen ihre Erfahrungen.
- Jeder Konfi schreibt ein Wort auf einen großen Zettel, mit einem Lebensthema, einer Lebenserfahrung, einem Gefühl, das gerade für ihn eine Bedeutung hat. Die Zettel werden gemischt und im Raum ausgelegt. Die Gruppe clustert, findet Überschneidungen, Lebensbereiche, die zusammenpassen. Jede ordnet sich einer Wortgruppe zu und spricht in der Kleingruppe darüber.
- Die Konfis schreiben zu einem Bibeltext mögliche Gefühle/Erfahrungswelten als Wort auf einen Zettel und legen sie im Raum aus (z. B. zur Stillung des Sturms: Angst, Zweifel, Mut, Vertrauen). Weiter wie oben.
- Bibeltext mit symbolhaften, mythischen Bildwelten (z. B. Schöpfungsgeschichte, Psalmen, Reich-Gottes-Gleichnisse) für alle kopieren: Ein Wort darin finden, das mich spontan berührt/anspricht, weil ich ein Gefühl damit verbinde oder es an eine Lebenserfahrung erinnert (farbig markieren). Mein Wort in einer Geste ausdrücken (vergrößern, variieren). Text lesen und bewegen lassen. Alle übernehmen die Geste von jedem *(sharing)*.
- Symbole zu einem Themenfeld werden in die Mitte gelegt. Jede wählt zu dem Stichwort ein Symbol aus, mit dem sie etwas verbindet, und erzählt darüber, was sie möchte.

Wenn ich ein Themenfeld gefunden habe und die nächste Konfi-Einheit dazu plane, ist es sinnvoll, mir eigene Gedanken zur Erfahrungswelt der Konfis zu machen. Folgende Fragen können mich dabei leiten:
1. In welchen Lebenssituationen sind meine Konfis mit diesem Thema verbunden? Welche Vorerfahrungen haben sie?
2. Welche (ambivalenten) Erfahrungen, Gefühle und Konflikte finden hier symbolischen Ausdruck und können so Entwicklungsanstöße geben?
3. Inwiefern kann man hier »Halt« oder Stärkung des Selbstwertgefühles finden?
4. Was gibt es hier zu »verdauen«/verarbeiten, das vielleicht schwer zu verdauen ist?
5. Welche Symbolisierungen/Weltbilder nutzen Jugendliche für eine solche Verarbeitung und was ist daran heilsam?
6. Gibt es hier eingefahrene Verhaltensweisen, Weltsichten etc., denen es guttun würde, sie (heilsam) zu verstören?
7. Welcher Sehnsucht nach (kreativer) Verwandlung begegnen wir hier?

4.2 Welcher Bibeltext passt zu diesem Thema?

Nach der Entscheidung für ein Thema fragen wir uns, welcher Text aus der Bibel oder christlichen Tradition (z. B. Glaubensbekenntnis) dazu passt und geeignet ist, den Konfis Anregungen und Entwicklungsräume für ihr Thema zu eröffnen. Für unser Curriculum insgesamt bemühen wir uns um ein breites Spektrum an Bibeltexten, um den Jugendlichen auch eine Vorstellung von der jüdisch-christlichen Welt zu eröffnen, sodass alttestamentliche und neutestamentliche Texte vorkommen, poetische und narrative handlungsorientierte Texte, Jesusgeschichten und Paulusbriefe. Unser Ansatzpunkt für das gesamte Kurskonzept leitet sich allerdings nicht bibelkundlich her, sondern ist durch die thematische Sinnhaftigkeit gegeben.

So suchen wir jeweils einen Text zum Thema, der Ausdruck von Erfahrungen ist, in denen ähnliche Konflikte oder Ambivalenzen bearbeitet werden, ähnliche Sehnsüchte nach Verwandlung spürbar sind und neue Horizonte eröffnet werden. Wir suchen einen Text, der symbolische Erfahrungen ermöglicht, die das Selbstwertgefühl stärken, einen Text, in dem z. B. Jesus einem Menschen beisteht und zu neuer Perspektive verhilft, der ähnliche emotionale oder Beziehungserfahrungen macht wie unsere Konfis. Zu diesen Geschichten kann über den Weg der spielerischen Identifikation besonders leicht eine Verknüpfung hergestellt werden. Auch poetische Texte mit symbolhafter, bildreicher Sprache können zu eigenen Bildern und Metaphern aus dem eigenen Leben animieren.

Wir glauben, dass letzten Endes die Kraft heilsamer Beziehungserfahrungen, die in biblischen Texten steckt, ihr Übriges tut, um die »Heiligkeit« spürbar zu machen und dadurch zu einer besonderen Erfahrung zu werden.

4.3 Exegese und Analyse des Bibeltextes

Exegetische Vorüberlegungen helfen nun, als Unterrichtende selbst in diesen Text einzusteigen wie bei einer Predigtvorbereitung auch. Mit allem theologischen Hintergrundwissen kann es sinnvoll sein, sich heute noch einmal zu vergegenwärtigen, wofür dieser Text steht, wo sein sozialgeschichtlicher Ort ist, was der Text über das Wirken Gottes sagt, was seine (befreiende) Botschaft für heutige Jugendliche sein könnte und wo mögliche aktuelle Bezüge zu finden sind.

Gute Erfahrungen haben wir mit einer vorbereitenden Textanalyse gemacht, die den Bibeltext nach Codes aufschlüsselt[19] und nach den Erfahrungen fragt,

---

19 Vgl. Marcel Martin (2011, S. 40–43).

die ihren symbolischen Ausdruck in diesem Text gefunden haben (s. Kap. 1.4 und 2.1). Jeder Code beinhaltet dabei eine besondere Frage:
- *Aktionscode,* Analyse nach Verben im Text: Was tun die handelnden Personen und was wird ihnen (an)getan (z. B. weinen, ergreifen, führen, klagen)? Welche Gefühle haben sie dabei?
- *Geografischer Code,* Suche nach Orten: Wo spielt die Geschichte, welche Landschaften kommen vor (z. B. Wüste, Berg, fernes Land)? Für welche symbolische Erfahrung könnte dieser Ort stehen?
- *Topografischer Code:* Welche konkreten Orte werden im Text benannt (z. B. Haus, Marktplatz, Tempel)? Wofür steht dieser Ort?
- *Chronologischer Code:* Wann (im Tages- oder Jahresverlauf) und in welchem Zeitraum spielt die Geschichte (z. B. Jakob diente zweimal sieben Jahre für Rahel)?
- *Symbolischer Code:* Welche Werte und Normen kommen vor (z. B. Familie, Heimat, Gerechtigkeit)?
- *Mythischer Code:* Welche mythischen Bilder und Vorstellungen spielen im Text eine Rolle (z. B. Himmelreich, Engel des Herrn)?
- *Soziologischer Code:* Welche politischen Situationen, Machtverhältnisse, wirtschaftlichen Bedingungen stehen im Hintergrund (z. B. Krieg, Armut, Unterdrückung)?

Für jeden Text kann das Anwenden unterschiedlicher Codes sinnvoll sein, um so zu Schlüsselbegriffen, den damit verbundenen symbolischen Erfahrungen und ggf. auch zur Methodenwahl zu kommen.

Zusätzlich können wir an den ausgewählten biblischen Text mit denselben Fragen wie an die Themenanalyse in 4.1 herangehen:
- Um welchen Konflikt oder welche Ambivalenzen geht es in dieser Geschichte?
- Inwiefern drückt sich in diesem Text eine Stärkung des Selbstwertgefühls aus und inwiefern kann die Textbegegnung auch heute dazu beitragen?
- Welche schwer verdaubare Erfahrung wird in dieser Geschichte bearbeitet, die sich möglicherweise am Prozess der Textentstehung oder der Wirkungsgeschichte ablesen lässt?
- War der Text schon Ausdruck einer (heilsamen) »Verstörung« und wird diese auch heute in der Begegnung mit ihm eröffnet?
- Öffnet die Begegnung mit dem Text neue Horizonte?

Für die Beantwortung dieser Fragen ist es gut, einen eigenen Zugang zum Text zu bekommen und sich auch selbst zu fragen, was mich am Text anspricht, ärgert, verstört, berührt.

4.4 Mit welcher Methode bringe ich die Konfis mit dem Bibeltext in Berührung?

Grundsätzlich suchen wir für jede Konfi-Stunde eine Methode, die es den Konfis ermöglicht, Verknüpfungen zum eigenen Leben herzustellen, Resonanzerfahrungen zu machen und sich aktiv mit allen Sinnen, Leib und Seele zu beteiligen, egal, wo ihre individuellen Stärken und Schwächen liegen (siehe Kap. 3). Für jede Einheit gilt zusätzlich, dass eine Methodenvielfalt, auch innerhalb der Stunde, sowie ein Wechsel der Sozialform (Einzelarbeit, Partnerübung, Kleingruppe, Plenum) sinnvoll ist. Nicht jede Methode und jedes Material eignet sich für jedes Thema und umgekehrt. Aus der Fülle des uns zur Verfügung stehenden Methodenrepertoires (siehe Kap. 3.5) wählen wir jeweils eine Methode, die sich durch das Lebensthema und/oder das biblische Thema nahelegt. Die Analyse nach Codes kann hier Hinweise geben.

Wo es keinen zentralen Bibeltext zum Thema gibt, sondern uns viele mögliche Texte einfallen, die für die Konfis bedeutungsvoll werden könnten, entscheiden wir uns für eine Methode, bei der jede sich einen passenden Bibelvers wählen kann (siehe z. B. Kap. 5.9 Frieden). Sowieso ist es schön, wenn Konfis eine Wahlmöglichkeit haben, sei es für Bibelverse oder für eine Präsentationsform, sodass wir vor der Stunde nicht immer wissen, wie sie genau verlaufen wird und welches Thema Schwerpunkt wird. Wir überlegen uns vorher, in welcher Aneignungs- und Ausdrucksweise Thema und Bibeltext im Blick auf den Erfahrungshintergrund gut bearbeitet werden könnten.

Eine handlungsorientierte Bibelgeschichte mit Personen, die Beziehungen und Konflikte miteinander haben, eignet sich besonders gut für darstellerische Methoden, bei denen sich die Jugendlichen mit Bibelfiguren identifizieren können. Texte mit abstrakten Themen und Bildwelten können gut künstlerisch-ästhetisch gestaltet werden, da es dabei weniger um Illustrierung als um individuellen Ausdruck von Emotionen geht.

Auch das Material für gestalterische Prozesse sollte zum Inhalt passen. Ein Kunstwerk zum Thema »Schöpfung« entsteht dabei aus Naturmaterialien (ohne die Natur zu zerstören), zum Thema »Engel« lassen wir keine Tontopfengel basteln, sondern arbeiten z. B. mit Frottagen, die etwas durchscheinen lassen, ohne es wirklich zu erkennen.

Requisiten zum Bibeltheater und Bibliodrama werden passend zum Thema gewählt, z. B. Tücher für mythische Stoffe, Masken für Authentizität und Versteck, Tisch und Stühle für die Abendmahlsszenerie. Für manche Themen eignen sich »jugend-typische« Ausdrucksmedien wie Handy (Foto, Video) oder Poetry-Slam besonders gut.

4.5 Theologische Gespräche mit Konfis führen[20]

Theologische Gespräche mit Konfis zu führen, bedeutet, sie mit ihren Assoziationen und Deutungen wahrzunehmen, ernst zu nehmen und sie zu ermutigen, sich selbst ein Urteil zu bilden über das, was in der Bibel steht. Dazu bedarf es einer Haltung der Pastoren, den Konfis nicht ihr Fachwissen und feststehende Interpretationen »beizubringen«, sondern deren Gedankengut wertzuschätzen und es in Verbindung mit biblischer Botschaft zu bringen. Nach unserer Erfahrung haben Konfis einen Bedarf an der Auseinandersetzung mit theologischen Grundfragen wie dem Wahrheitsgehalt der Bibel im Verhältnis zu Naturwissenschaften (Schöpfungsgeschichte, Wundergeschichten), der Theodizeefrage angesichts individuellen oder gesellschaftlichen Leids und Krieg bis hin zu der Frage, ob es Gott überhaupt gibt. Existenzielle Fragen des Lebens zu stellen oder gar eigene Antworten darauf zu finden, kann so auch schon im Konfi-Alter bereichernd sein.

Für uns steht das theologische Gespräch nicht zufällig erst an dieser Stelle der Konfi-Stunde, da es eigene Erfahrungen voraussetzt, die wir durch ganzheitliche Übungen zur Begegnung mit biblischen Texten vorher ermöglicht haben. Durch Hinführungen, Einbringen der Texte, Auswahl der Methoden und Klärung von Verständnisfragen haben wir bereits unser Fachwissen eingebracht. Die Reflexion darüber liegt nun bei den Konfis.

Theologisieren mit Konfis kann dabei bedeuten:
- Bibeltexte selbst auslegen durch spielerische Erfahrungen, an deren Schluss eigene Formulierungen zur Interpretation gefunden werden (z. B. warum Jesus wohl dieses Gleichnis erzählt hat).
- Eine Verknüpfung herstellen zwischen Bibeltexten und aktuellen (individuellen und gesellschaftlichen) Lebensbezügen.
- Theologische Argumente austauschen durch »Debattieren«, z. B. in Pro- und Contra-Runden, Rollenspielen, freien Diskussionen und geleitetem Gespräch durch moderierende Fragen.
- Über den Glauben (und Zweifel!) reden: eigene Gottesbilder, religiöse Entwicklung und Glaubenserfahrungen zum Ausdruck bringen.

Kreative Gesprächsmethoden verhelfen dazu, mit Jugendlichen über theologische Fragen ins Gespräch zu kommen und damit gleichzeitig auch ihre eigenen Lebenserfahrungen zu reflektieren.

---

20 Siehe Kolb (2018). Auch für die Konfirmandenarbeit hilfreiche Anregungen aus dem Schulkontext bietet Freudenberger-Lötz (2012).

4.6 Welche Reflexionsmethode ist geeignet?

Der erfahrungsorientierte Prozess, in dem sich Konfis einem Bibeltext nähern, hat einen eigenen Wert für sich, denn hier entsteht nebenbei im Wechselspiel zwischen Aktion, Reaktion und Reflexion eine eigene innere Auseinandersetzung. Diesen Prozess noch einmal zu reflektieren, dient weniger einer klassischen Ergebnissicherung als vielmehr der eigenen Selbstreflexion und Klärung sowie einem wertschätzenden Austausch untereinander und gegenseitigen Anregungen in der Gruppe.

Diese Reflexion kann auf verschiedenen Ebenen stattfinden:
- Was habe ich über mich selbst entdeckt/erfahren?
- Was habe ich über die Bibelfigur/das biblische Thema entdeckt/erfahren?
- Was steckt darin für ein Jesusbild?
- Wie hat Gott in dieser Geschichte gewirkt?
- Wie ist jetzt mein Bild von Gott?

Unterschiedliche Sozialformen sind je nach Thema und Methode geeignet:
- Einzelarbeit, z. B. Konfi-Tagebuch oder ein Brief an mich selbst,
- Partnerin-Gespräch zu vorbereiteten Fragen,
- Kleingruppen-Gespräch (braucht mehrere Teamer zur Moderation),
- Gesamtgruppen-Gespräch als Schreibgespräch, Mind-Map oder strukturierte Gesprächsrunde.

Manchmal entsteht in einem Prozess auch ein Produkt: ein Bild, Text, Objekt, Standbild oder Rollenspiel. Dann ist es sinnvoll, dieses den anderen zu präsentieren. Diese Auswertungsform braucht eine besondere Inszenierung, damit es nicht bewertend, sondern wertschätzend und anregend für alle wird. Dabei gilt: »Wenn ich etwas über dich sage, sage ich dabei mindestens genauso viel über mich wie über dich.«. Denn jede sieht in einem Bild eines anderen nur das, was ihre eigene Seele dafür bereitet hat. Und viele Konfis sehen in einem Bild viele verschiedene Dinge. Diese eigenen Resonanzen in Rückmeldungen hervorzuholen, ist ein guter Weg, wenn es gelingt, dabei Bewertungen über den Maler/Autor herauszulassen. Folgende Schritte zu Präsentationen von Werkstücken haben sich bewährt:
- Ausstellung der Werke durch Aufhängen oder Auslegen auf Tischen.
- Alle gucken und sagen, ohne zu werten: Was sehe ich auf dem Bild?
- Eigene Assoziationen und innere Bilder nennen: Ich denke dabei an … (Diese können auch auf Zettel neben dem Werk geschrieben werden.)

– Der Künstler sagt über das Werk oder den Entstehungsprozess, was er davon erzählen möchte.

In jeder Einheit sollte man entscheiden, welche Reflexionsweise am besten zu der vorangegangenen Thematik, Bibelgeschichte und Methode passt.

4.7 Organisation: Einsatz von Teamern, Ablaufplan, Material

Wenn die Konfi-Stunde inhaltlich und methodisch konzipiert und geplant ist, gilt es nun, sie konkret vorzubereiten.

Einsatz von Teamern
– Vorbereitungstreffen mit Teamerinnen verabreden (am allerbesten den ganzen bis hierhin beschriebenen Weg mit Teamerinnen gemeinsam vollziehen) oder
– die Teamer inhaltlich (evtl. mit einer entsprechenden Bibelarbeit) auf dieses Thema einstimmen (als Jugendliche können sie evtl. besser die Lebensthemen und Erfahrungswelten der Konfis einschätzen als wir Erwachsenen).
– Ideen der Teamer erfragen (z. B. Musik, Videos, Jugend-Aktionen, die zum Thema passen), von da aus evtl. die Methode verändern.
– Aufgabenverteilung im Team: Wer übernimmt welche Anleitung und bereitet was vor?

Ablaufplan
– Ablauf entwerfen, der die Abwechslung in der Methodenwahl und der Sozialform berücksichtigt und einen Spannungsbogen enthält.
– Ablauf: ggf. Eingangsritual, Warm-up, Hinführung zum Thema, kreative Phase, theologische Reflexion, Auswertung, Abschlussritual.
– Genauen Ablaufplan erstellen, dabei mögliche Schwierigkeiten bedenken und Alternativen für evtl. Zeitverschiebungen besprechen (damit nicht vor lauter intensiver Gestaltung am Ende jedes Mal die Reflexion entfallen muss).

Material
– Material besorgen und zusammenstellen,
– evtl. Kopien erstellen,
– den Raum vorbereiten, Tische und Stühle wie benötigt stellen.

5 Entwürfe für Konfi-Stunden zu Erfahrungswelten Jugendlicher

5.1 Ablösung | Verlorener Sohn | Bibeltheater

Rahmenbedingungen

Zeit:	60 Minuten
Raum:	Großer Raum mit Platz für Rollen-/Theaterspiel, evtl. Räume für Kleingruppen
Organisationsform:	Einzelstunde, gern mit zwei Teamerinnen
Material:	Bibel (Lk 15,1–32)

Gedanken zu Lebensthema, Bibeltext und Methodenwahl

»Ablösung« ist eins der größten Themen der Konfis in ihrer pubertären Lebensphase. Die Ambivalenz zwischen Abhängigkeit von den Eltern einerseits und Autonomiebestreben andererseits prägt ihr Wesen und viele ihrer Gefühle und Verhaltensweisen. Die Entdeckung, kein abhängiges kleines Kind mehr, aber dennoch nicht eigenständig zu sein, löst zwiespältige Gefühle aus. Fantasien, einfach mal abzuhauen, bilden sich dabei aus.

Der Wunsch nach Ablösung, der noch nicht durch Weggehen realisiert werden kann, äußert sich dann vielfach in abgrenzendem Verhalten, sich Aufgaben zu verweigern, Geheimnisse zu haben, Widerstand zu leisten, sich vom elterlichen Stil abzuheben (Klamotten, Zimmer, Frisur), bis hin zum Entgleiten und Abdriften in konflikthafte Milieus.

Die Geschichte vom »Verlorenen Sohn« berührt Konfis besonders. Der Mut, einfach das Elternhaus zu verlassen, sowie der Weg in die Freiheit scheinen erstrebenswert, das Scheitern und die Umkehr können zuweilen erschrecken. Die freundliche Aufnahme des Vaters versöhnt, die Geschwisterrivalität ist ein Nebenschauplatz, der für viele Konfis nachvollziehbar ist. Also: Diese Geschichte bietet viele Möglichkeiten zur Identifikation.

Neben diesem inneren Handlungsstrang ist die Perikope jedoch auch ein Gleichnis, dessen Botschaft nicht unbeachtet bleiben sollte. Sein Kontext, der Vorwurf der Pharisäer, dass Jesus mit Sündern verkehrt, sowie die Einreihung in drei Gleichnisse vom Verlorenen zeigen, dass es um die Hinwendung Gottes zu den Verlorenen geht. Auch diese Dimension des Gleichnisses gilt es einzubringen.

Als Methode eignet sich insbesondere jede Form von Bibeltheater, denn Identifikation geschieht am besten über die Rollen. Den inneren Handlungsstrang lassen wir dabei darstellerisch erarbeiten, den äußeren Gleichnisrahmen besprechen wir im Reflexionsgespräch.

Ablauf der Einheit

Warm-up (5 Min.)
- Gehen im Raum, jeder auf seinem eigenen Weg, ohne zu sprechen, sich lockern.
- Gehen, bei »Stopp«/Klatschen sollen alle in der Bewegung einfrieren.
- Gehen, bei »Stopp« jeweils spontan eine Position zu folgenden Schlüsselbegriffen einnehmen (nicht pantomimisch darstellen, sondern ausdrücken, wie sich das anfühlt, und einfrieren): Abhängigkeit, Abschied, Aufbruch, Unterwegssein, Freiheit, Scheitern, Umkehr, Aufgenommensein.

Hinführung zur Bibelgeschichte Lukas 15,1–2.11–32 (5 Min.)
Geschichte vom Verlorenen Sohn gemeinsam lesen (wer mag).
Verständnisfragen klären (z. B. Wer sind Pharisäer und Schriftgelehrte, Rechtssituation von jüngeren Söhnen auf dem Hof, Bedeutung der Schweine).

Standbilder für den Aufbruch Lukas 15,12+13a (10 Min.)
Den ersten Abschnitt stellen alle dar.
Jeder findet eine eigene Körperhaltung zu dem Moment des Aufbruchs:

> Wie war der jüngere Sohn in deiner Vorstellung, als er gerade aus dem Elternhaus losgegangen ist? Wie war seine Haltung? Hat er sich noch einmal umgeschaut? Wie hat er sich gefühlt? Hat er sich gefreut oder war ihm mulmig? War er aufgeregt oder traurig?

Jeder stellt sich in den Raum mit seiner eigenen Haltung:

> Wenn du da so stehst, hinter dir liegt dein Elternhaus, vor dir die Zukunft, was geht dir durch den Kopf? Was lässt du zurück? Worauf freust du dich? Was erwartest du?

Jede sagt einen Satz: »Ich lasse ... hinter mir.«, »Ich freue mich auf ...«, »Ich erwarte ...«

Szenische Improvisation zu verschiedenen Momenten in der Geschichte (5 Min. Hinführung, 10 Min. Probe in der Untergruppe)

Nun gibt es drei Untergruppen zu den Themenfeldern »Freiheit«, »Scheitern«, »Umkehr«. Konfis ordnen sich einer Gruppe zu. Die Aufgabe ist, eine kleine Szene mit verteilten Rollen zu spielen, in der der jeweilige Abschnitt ausgedrückt wird (der Textabschnitt kann noch einmal nachgelesen werden). Ein Thema zur Improvisation wird vorgegeben:

1. Gruppe Lukas 15,13b | Freiheit

Was macht der Sohn, wenn er sein Geld verprasst? Spielt eine kleine Szene, in der deutlich wird, wofür er sein Geld ausgibt und wie er sein Leben genießt.

2. Gruppe Lukas 15,14–16 | Scheitern

Der Sohn ist gescheitert, hat kein Geld mehr. Wie geht es ihm jetzt? Was geht ihm durch den Kopf? Spielt eine Szene, in der der Sohn andere junge Leute trifft, die auch losgezogen und gescheitert sind. Was fühlen und denken sie?

3. Gruppe Lukas 15,17–20 | Umkehr

Improvisiert den Moment der Umkehr. Einer steht als Sohn zwischen den zwei Leben: dem Elternhaus und der Freiheit. Die anderen sind Stimmen von beiden Seiten, die versuchen, ihn zu bewegen, umzukehren oder zu bleiben und weiterzuziehen. Welche Argumente haben sie?

Einander die Szenen zeigen und Rückmeldungen geben (10 Min.)

Rückkehr nach Hause Lukas 15,20–32 (5 Min.)
- Alle spielen spontan gemeinsam das Ende. Jede wählt eine (evtl. auch fiktive) Rolle.
- Begegnung von Vater, Sohn, Bruder, evtl. spielen Mutter oder Knechte mit. Jeder soll sich mindestens mit einem Satz beteiligen.

Reflexion auf der Ebene der Geschichte (5 Min.)

Überlegt einmal für euch selbst und sagt dann, was ihr mögt, zu folgenden Fragen:
- Was habe ich über den jüngeren Sohn in der Geschichte entdeckt/erlebt?
- Wie hat er sich gefühlt?

- Was habe ich über den älteren Sohn entdeckt?
- Was hat den Vater bewogen, den Sohn aufzunehmen?

Reflexionsgespräch über das Gleichnis (5 Min.)

Noch einmal lesen: Erzählsituation Lukas 15,1+2

- Warum hat Jesus wohl damals dieses Gleichnis erzählt?
- Wenn Jesus mir heute diese Geschichte erzählt, was fällt mir dazu ein?

5.2 Anerkennung | Kain und Abel | Standbilder

Rahmenbedingungen

Zeit:	Zweimal 60 Minuten
Raum:	Flexibler Stuhlkreis in einem großen Saal, zwei Kleingruppenräume
Organisationsform:	Empfohlen als Doppeleinheit auf einem Konfi-Tag/Konfi-Wochenende, aber auch in zwei getrennten 60-minütigen Einheiten möglich. Gern mit Konfis und Teamerinnen zusammen.
Material:	– DIN-A3-Plakat A: »Ich schenke jemandem Anerkennung und jemand anderem, der direkt danebensteht, nicht« – DIN-A3-Plakat B: »Ich bekomme von jemandem Anerkennung und jemand neben mir nicht« – DIN-A3-Plakat C: »Jemand neben mir bekommt Anerkennung von jemandem und ich nicht« – Rollenloszettel für Kain, Abel, Gott (mindestens je drei) – Bibeltext (Gen 4), Kopien Großdruck in verteilten Rollen gesetzt – Klangschale oder Gong – Digitalkamera für Fotos der Standbilder, sofern alle einverstanden sind – Flipchart

Gedanken zu Lebensthema, Bibeltext und Methodenwahl

Anerkennung zu bekommen, angesehen zu sein und zu werden, zumindest wahrgenommen zu werden, ist ein zentrales menschliches Bedürfnis. In einer Konfi-Stunde zum Thema »Rechtfertigung und Martin Luthers Ringen um die Anerkennung Gottes« antworteten Konfis spontan auf die Frage, was Menschen alles tun, um Anerkennung zu bekommen: »Minirock anziehen, Freund eifersüchtig machen, heiraten und Kinder kriegen«, »Gute Noten nach Hause bringen«, »Nett sein, mal zu Hause helfen«. Wir ahnen, aus was für unterschiedlichen Milieus diese Jugendlichen kommen und was sie sich über die Risiken und Nebenwirkungen ihrer impliziten Lebenskonzepte sagen könnten. Zu spüren sind auch unterschiedliche Wertekonzepte und was für eine große Rolle Eltern z. T. noch als Quelle der Anerkennung spielen. Richte ich mein Leben danach aus, wofür mir jemand Anerkennung gibt, kann das mein Selbstwertgefühl stärken. Viele richten sich so wie Sonnenblumen nach der Sonne danach aus, woher und für was sie Anerkennung bekommen.

Zugleich begebe ich mich aber in große Abhängigkeit, die das Risiko in sich birgt, dass ich so gar nicht die Ausrichtung wähle, die mir selbst eigentlich wichtig ist. Ausbleibende Anerkennung kann ich sportlich nehmen, als Herausforderung, mich zu verbessern oder zu verändern. Ich werde aber nicht immer eine Antwort auf die Frage bekommen, warum jemand begabter, schöner, sportlicher, reicher, besser drauf ist als ich. Wenn ich so etwas erlebe, könnte ich vor Scham im Boden versinken. Solche Scham ist ein ziemlich unangenehmes Gefühl. Ein großer Teil an Gewalt in unserer Welt entsteht, um dieses Gefühl nicht spüren zu müssen. Sie kann sich gegen den richten, der mir keine Anerkennung geschenkt hat. Dann müsste ich aber unter Umständen mein eigenes Idol zerstören. So richtet sich die Gewalt oft gegen die weniger Mächtigen, die vermeintlich mehr Anerkennung bekommen. Wenn sie nicht mehr da sind, fällt jedenfalls der Vergleich weg. Wenn ich nicht klar erkennen kann, warum jemand Anerkennung bekommt und ich nicht, dann wird es besonders schwierig. Noch komplizierter wird es, wenn ich erlebe, dass ich selbst Menschen auch ganz unterschiedlich Beachtung und Anerkennung schenke, ohne dass ich unbedingt eindeutig sagen könnte, warum. Auch für jemanden, der Anerkennung bekommt und stolz sein könnte, ist es mitunter nicht leicht, zu erleben, dass jemand daneben sie nicht bekommt. Das Anerkennungsthema in all diesen Facetten erleben Jugendliche in der Familie – wen lieben die Eltern mehr? – im Bereich schulischer Leistungen, im Sport, in Gruppen und sozialen Netzwerken. Die Beliebtheit vieler Castingshows liegt unter anderem daran, dass man im Schutz des Fernsehsessels Inszenierungen der Anerkennungsfrage miterleben kann.

Für das Thema »(Keine) Anerkennung« wählen wir die urgeschichtliche Erzählung von Kain und Abel, in der es um die menschliche Grunderfahrung geht, ohne einen uns ersichtlichen Grund Anerkennung und Ansehen durch jemanden zu erfahren bzw. jemandem zu gewähren – oder nicht. Gerade die kaum zu ertragende – vom Text her aber bewusst offene – Frage, warum Gott Abel und sein Opfer, aber nicht Kain und sein Opfer gnädig ansieht, eröffnet einen Spielraum. Wirkt Gott hier ausgleichend gerecht, weil Eva ihrem erstgeborenen Kain deutlich mehr Aufmerksamkeit schenkt? Konnte im Laufe der Textentstehungsgeschichte jemand nicht ertragen, dass Gott so ungerecht oder unberechenbar handelt und hat in Vers 6–7 eine Gottesrede eingeschoben, die den beschämten Kain immerhin warnt? »Wenn du fromm bist, so kannst du frei den Blick erheben.« Kain ist offenbar nicht so fromm wie Hiob oder Jesus, die um Gottes und ihrer selbst willen mit Gott ins Gericht gehen (»Mein Gott, mein Gott, warum hast du mich verlassen?« Mk 15,34). Kain erschlägt seinen Bruder Abel. Am Ende wird Kain verflucht und geschützt zugleich. Es bleibt etwas Verstörendes, vielleicht noch nicht wirklich Verdautes in der Geschichte und sie weckt die Sehnsucht nach einer Welt ohne Brudermord und Gewalt.

Wir laden die Konfis ein, ihre Erfahrungen von (fehlender) Anerkennung »mit frei erhobenem Blick« mit der Geschichte ins Gespräch zu bringen. Als Methode wählen wir die Arbeit mit Standbildern, da sie besonders gut ermöglicht, die Konstellation der Dreiecksbeziehung zwischen Kain, Gott und Abel und damit auch Grunderfahrungen im Dreieck »Anerkennungs-Geber bzw. -Versager« – »Anerkennungsempfänger« – »Empfänger fehlender Anerkennung« ausdrücken zu können.

Ablauf der Einheiten

Die erste Einheit – Anerkennungserfahrungen aus verschiedenen Perspektiven

Warm-up (10 Min.)

Das Warm-up dient dazu, körperlich warm zu werden, Bewegungen und Ausdruck zu verbinden, indem Aspekte des Themas schon aufgegriffen werden. Zugleich wird das Arbeiten mit Standbildern vorbereitet.

Tickerspiel: Eine Person ist Ticker. Wer »getickt« ist, erstarrt, wie er ist. Er kann befreit werden, wenn jemand sich vor ihn stellt und spiegelt. Durch den Raum gehen. Gehen wie: jemand, der gerade viel Anerkennung bekommen hat/ der gerade keine Anerkennung bekommen hat oder ignoriert wurde/der allen, denen er begegnet, Anerkennung schenkt/der niemandem, dem er begegnet, Anerkennung schenkt bzw. ihn ignoriert.

Auf welche Weise erfahren Menschen Anerkennung? Was machen Menschen alles, um Anerkennung zu bekommen? (10 Min.)

In dieser Einheit geht es um Anerkennung und dass man überhaupt wahrgenommen wird oder jemanden wahrnimmt. Eine Lebenserfahrung, die wir alle kennen. Auf welche Weise erfahren wir Anerkennung? *(Sammlung am Flipchart)*
Was machen Menschen alles, um Anerkennung zu bekommen? *(Sammlung am Flipchart)*
Welche Risiken und Nebenwirkungen gibt es, wenn man sein Leben ganz danach ausrichtet, woher man Anerkennung bekommt?

Anerkennungserfahrung aus drei Perspektiven (10 Min.)

Man kann Anerkennung aus drei verschiedenen Perspektiven erleben *(Plakate A, B, C werden weit im Raum verteilt und vorgelesen):*
Wir schauen jetzt zuerst auf unsere eigenen Erfahrungen und in der nächsten Einheit dann auf eine biblische Geschichte, in der es auch um solche Erfahrungen geht. Erinnert euch an eine solche Situation und setzt euch zu dem Plakat, das zu eurer Position damals passt. Sprecht nicht über die Situation selbst.

Austausch und Standbildarbeit (10 Min.)

Tauscht euch jetzt darüber aus, wie ihr euch damals gefühlt habt, ohne zu sagen, was damals geschah. Schreibt die Gefühle auf das Plakat und baut gemeinsam ein Standbild, das diese Gefühle ausdrückt.

Vorstellung der Gruppenstandbilder (15 Min.)

Zuschauende schließen die Augen. Wenn das Standbild aufgebaut ist:

Augen auf! Was nehmt ihr wahr?

Im Blick auf alle drei Standbilder:

Wie fühlen sich die unterschiedlichen Positionen an?

Feedback zur ersten Einheit (5 Min.)

Die zweite Einheit: – Anerkennungserfahrungen in der Kain- und Abel-Erzählung

Die Kain-und-Abel-Erzählung (Gen 4,1–16) (5 Min.)

Kurze Hinführung zu diesem urgeschichtlichen Text aus dem 1. Buch Mose über das erste Geschwisterpaar nach der Schöpfung und die Vertreibung aus dem Paradies. In den urgeschichtlichen Texten geht es nicht um historische Wahrheit, sondern um Geschichten, die menschliche Grunderfahrungen miteinander und mit Gott ausdrücken.

Lesung und erstes Hören der Kain-und-Abel-Erzählung (am besten mit verteilten Rollen im Team). Verständnisfragen klären.

Hören in Rollengruppen (5 Min.)

Die Gruppe wird per Los in drei Kleingruppen (Loszettel) geteilt, die sich als Gruppe zusammensetzen und die Geschichte nun noch einmal aus ihrer Rolle heraus hören.[21]

---

21 Ob es sinnvoll ist, auch »die Rolle« Gottes spielen zu lassen, ist umstritten. Dagegen spricht, dass Gott eine Dimension ist, die wir nie menschlich ausfüllen können und im Spiel Ehrfurcht und religiöse Gefühle verletzt werden können. Andererseits lässt uns das Hineinschlüpfen in die Rolle Gottes in seiner unvermeidbaren Überforderung die Grenzen unserer eigenen (projizierten) Gottesbilder spürbar und deutlich werden. In jedem Fall ist Sensibilität angebracht bei der Hineinführung und Herausführung aus der Rolle: Gott ist immer noch einmal anders und mehr, als wir hier spielen können. Vgl. zu dieser Frage und zur Dynamik in der Kain- und-Abel-Erzählung: Franke 2017, 2015.

Auswertungsgespräch (10 Min.)

Welche Gefühle bewegen Kain/Abel/Gott? Zu welchem Plakat (A, B oder C) passt eure Figur? Stellt euch zu diesem Plakat. Welche Gefühle auf dem Plakat passen besonders zu eurer Figur, welche weniger? Was für ein Bedürfnis steckt hinter diesen Gefühlen?

Standbildarbeit »schwierige Situation« in Rollengruppen (5 Min.)

Was ist aus der Sicht eurer Rollenfigur eine schwierige Situation in der Geschichte? Baut in eurer Rollengruppe ein Standbild zu dieser schwierigen Situation, in dem alle drei Rollen (Kain/Abel/Gott) vorkommen sollen.

Standbildarbeit »Veränderungsimpuls« in Rollengruppen (10 Min.)

Was kann man in dieser Situation aus eurer Rolle heraus machen? Was ist hilfreich, wenn man in so einer Situation ist? Baut euer Standbild »schwierige Situation« noch einmal auf. Gestaltet nun eine Bewegung, eine Veränderung des Standbildes hin zu einer Verbesserung der schwierigen Situation. Der Impuls oder Start der Veränderung soll von eurer Rollenfigur im Standbild ausgehen.

Vorstellung der Standbilder mit Veränderungsimpuls (15 Min.)

Zuschauende schließen die Augen bis eine Gruppe ihr Standbild »schwierige Situation« aufgebaut hat:

Augen auf!

Zeit zur Betrachtung. Klangschale als Signal, das Standbild über den Veränderungsimpuls zu einem neuen Standbild zu verändern.

Was nehme ich wahr? Wie deute und verstehe ich das?

Rückmeldung der gestaltenden Gruppe.

Hilft das? Ist das realistisch? Gibt es weitere Ideen …?

Reflexionen (10 Min.)

Überlegt einmal für euch selbst und sagt dann, was ihr mögt, zu folgenden Fragen:
- Was nehme ich mit zur Frage, wie ich mit Anerkennung und damit, wenn sie fehlt, umgehe?
- Was bewegt mich jetzt?
- Was bewegt mich in Bezug auf mein Bild von Gott und die Figuren der Geschichte?

Feedback zur Einheit (5 Min.)

5.3 Angst | Sturmstillung | Rollenspiel und Freeze

Rahmenbedingungen

Zeit:	60 Minuten
Raum:	Raum mit Platz zum freien Spiel
Organisationsform:	Einzelstunde
Material:	- Bibel (Mk 4,35–41)
	- Tücher

Gedanken zu Lebensthema, Bibeltext und Methodenwahl

Angst ist eines der menschlichen Grundgefühle. Es trifft uns in unterschiedlichen Erscheinungsformen, von Verlegenheit und Unsicherheit (»Wenn ich in eine neue Klasse komme«) über kurzen, aber heftigen Schrecken (Angst vor einer Spinne oder einer akuten Gefahr wie ein Auto, das plötzlich vor einem auftaucht) bis hin zu einer tiefen Sorge, die zu existenzieller Lebensangst werden kann (»Wenn die Mutter im Krankenhaus liegt und ich nicht weiß, ob sie gesund wird.«). Angst ist ein negativ besetztes Gefühl, über das Konfis mit Gleichaltrigen nicht gern sprechen. Auf die Frage: »Was macht ihr, wenn ihr Angst habt?« kam neben »Schreien, Weglaufen, Mich-Verstecken« mehrmals die Antwort: »Wenn ich Angst habe, tue ich so, als ob es mir gut geht.« Angst zu zeigen, ist uncool.

Die Auseinandersetzung mit einer Bibelgeschichte, in der es um Angst und den Umgang damit geht, kann heilsam sein, indem Konfis Ängste aussprechen dürfen und sie in die Dimension des Glaubens stellen.

Die Geschichte von der »Stillung des Sturms« erzählt von biblischen Menschen in einer Angstsituation und ihrem Gegenüber Jesus als vertrauensbildendem Moment. Die Verbindung von Angst und Glauben, die Jesus zieht: »Was seid ihr so furchtsam, habt ihr noch keinen Glauben?« (Mk 4,40) stellt einen Zusammenhang her, dass auch wir unsere Angst zu Gott bringen dürfen. Gleichwohl muss deutlich werden, dass ein kindlicher Glaube an Gott als allmächtigem Zauberer, der alles vollbringt, was ich mir wünsche, nicht greift.

Zur Identifikation mit den Jüngern (und evtl. Jesus) wählen wir das Rollenspiel, dabei konkret die Methode der Darstellung auf der Ebene der Bibelgeschichte. Als Requisiten dienen Tücher, die wahlweise als Gegenständliches oder als Verstärkung von Gefühlen eingesetzt werden können. Die Übertragung geschieht dadurch, dass das Spiel zwischendrin mehrmals gestoppt wird, die

Konfis im »Freeze« verharren und aus der Rolle heraus sagen, was sie gerade bewegt. Damit geben sie den Bibelfiguren eine Stimme, die von eigenen Lebenserfahrungen geprägt ist, aber im schützenden Rahmen der biblischen Handlung bleibt.

Ablauf der Einheit

Warm-up Bewegung mit Tüchern (10 Min.)
- Tücher werden gern als Verkleidung benutzt; das kann zunächst ausprobiert werden: Jede verkleidet sich als eine typische Person (Inderin, Superman, sexy Lady, alter Mann …) und macht entsprechende Bewegungen dazu.
- Danach werden die Tücher als Gegenstände benutzt, z. B. Peitsche, Duschkopf mit Wasser, Korb …; Konfis können Begriffe nennen und alle probieren es aus.
- Tücher werden verwendet als Verstärkung von Gefühlen: Ein Grundgefühl wird genannt und alle probieren aus, wie man das mit einem Tuch symbolisch ausdrücken kann.

Bibeltext Markus 4,35–41 gemeinsam lesen (5 Min.)
- Kontext erzählen
- Reihum lesen
- Verständnisfragen klären

Spielen der Bibelgeschichte (10 Min.)
Die Gruppe (bzw. Kleingruppe bis max. 8 Konfis) entwickelt eine Spielszene, die die Bibelgeschichte ausdrückt. Dabei können folgende (auch nicht-menschliche) Rollen verteilt werden: mehrere Jünger, Jesus, das Meer, der Wind, das Boot. Tücher können als Requisiten benutzt werden.

Rollenspiel und Freeze (20 Min.)
Das geprobte Rollenspiel wird nun noch einmal durchgespielt und dabei mehrmals von der Leitung mit einem Gong unterbrochen. Sofort verharren alle in der Position, in der sie gerade sind *(Das nennt man »freeze«, einfrieren, und es ist, als wenn ein Film angehalten wird)*. Die Leitung geht in der Szene umher, tippt einzelne Spielende an und fragt, je nach Situation, wie es ihnen (in der Rolle) gerade geht, z. B.:

Was geht dir, Jünger, gerade durch den Kopf? Wovor hast du, Jünger, Angst? Was könnte passieren? Wie fühlt es sich an, Meer, in das Boot zu schwappen? Was gibt dir, Jünger,

Hoffnung? Was möchtest du, Jesus, am liebsten tun? Welche Idee könnte jetzt weiterhelfen? Was denkst du, Jünger, als Jesus zu euch sagt: »Was seid ihr so furchtsam, habt ihr keinen Glauben?« Und hast du Glauben? Warum bist du still geworden, Wind? …

Reflexion (10 Min.)

Überlegt einmal für euch selbst und sagt dann, was ihr mögt, zu folgenden Fragen:
- Wie war es in der Rolle als …? Was habe ich über die Rolle erfahren?
- Wie hängen für mich Angst und Glaube zusammen?
- Was habe ich in diesem Spiel über Jesus entdeckt? Was ist das für einer?

Feedback zur Einheit, Abschlussritual (5 Min.)

5.4 Außenseiter | Zachäus | Interviews mit Bibelfiguren

Rahmenbedingungen

Zeit:	70 Minuten
Raum:	Großer Saal mit Platz, um sich zu bewegen. Stuhlhalbkreis vor einem Stuhl.
Organisationsform:	Am besten im Rahmen einer 90-minütigen Einheit mit Eingangs- und Abschlussritual.
Material:	– Beschriftete (Klebe-)Etiketten oder Zettel mit Tesakrepp: z. B. Obdachlose/r, totaler Hip-Hop-Fan, Name eines angesagten Fußballstars, Name einer angesagten Sängerin, Bundeskanzler/in, Banker/in, Raumpfleger/in, General/in, Chef/in eines Autokonzerns, Rentner/in, Drogenabhängige/r, bekannter Filmstar, Gewinner/in einer bekannten Castingshow, »hört schwer«, »versteht kein Deutsch«, Schüler/in ... – Bibeltext (Lk 19,1–10) – Karten und Stifte

Gedanken zu Lebensthema, Bibeltext und Methodenwahl

Ein Außenseiter ist jemand, der etwas abseits der Gruppe der anderen steht. Warum das so ist, kann vielfältige Gründe haben. Der Impuls kann dabei von beiden Seiten ausgehen. Die Sehnsucht, »besonders« zu sein, ist in diesem Alter ebenso groß wie die Sehnsucht, »normal« wie die anderen zu sein. Was die Peergroup über einen denkt, hat Bedeutung. Wenn ich mich zu lange nicht im sozialen Netzwerk bewege, könnte ich ausgegrenzt oder abgehängt werden. Soll ich mich verbiegen, um dazuzugehören? Leidensdruck entsteht, wenn jemand bewusst ausgegrenzt, gar nicht oder nur im Blick auf bestimmte Merkmale oder Etiketten (z. B. (fehlende) Markenklamotten, Aussehen, Schüchternheit, Rüpelhaftigkeit, Unsportlichkeit, Geruch ...) wahrgenommen wird. Vor allem im Schulkontext gibt es hier große stille – und mitunter in Aggression umschlagende – Leiderfahrungen.

Zugleich haben wir viel Sehnsucht nach »besonderer Normalität« in Gruppen erlebt, die die Vielfalt der Einzelnen als Herausforderung, Ressource und Chance begreifen. Es ist nicht einfach, einen Spielraum dafür zu schaffen, dieses Thema in einer Gruppe anzugehen, weil man in gewisser Weise Außenseiter dadurch zusätzlich stigmatisieren kann und niemanden zu Freundschaften zwingen kann. Dennoch ist einiges möglich: Besonders in der Anfangsphase ist es wichtig, immer wieder Spiele und Methoden anzubieten, die unterschiedliche

Konfis bevorzugen, die es ermöglichen, Cliquen immer wieder zu öffnen und auf unterschiedliche Weise miteinander in Kontakt zu kommen. Gruppeneinteilungen nach Neigung und per Los sollte man immer wieder mischen. Bei konkreten Beschämungen muss eingeschritten werden. Wenn es um Konflikte im Verhalten geht, braucht es eine gemeinsame Arbeit der Beteiligten daran. Bewährt haben sich zwei Fragen an alle: »Was brauchst du, damit du gut in unserer Konfi-Gruppe sein kannst? Was bist du bereit, dafür einzubringen?« Es ist gut, im Unterrichtsteam immer wieder zu bedenken, ob noch alle Konfis »an Bord« und im Blick sind. Krankmeldungen oder Entschuldigungen vor Konfi-Wochenenden sind oft ein Signal, dass etwas nicht stimmt.

Ein zentrales biblisches und insbesondere jesuanisches Motiv ist Protest gegen Selektion, sozialen Druck und Ausgrenzung.[22] Immer wieder erfahren Menschen aus einer Außenseiterposition heraus in der Begegnung mit Jesus, dass neuer Spielraum und Lebenschancen entstehen. Wir wählen mit »Zachäus« eine der vielen Geschichten, in denen es nicht nur um die Verwandlung der Menge und des Blickes auf einen Außenseiter, sondern auch um dessen Verwandlung selbst geht. Die spielraumeröffnende Zumutung der Zuwendung Jesu zu einem bedürftigen, aber korrupten reichen Zöllner ist auch heute noch zu spüren. Methodisch laden wir die Konfis zunächst ein, sich in einem Etiketten-Spiel bewusst zu machen, wie ein bloßes Etikett auf der Stirn des anderen unser Bild von ihm beeinflusst und unser Verhalten prägt sowie wie irritierend es ist, wenn andere von mir nur dieses Etikett wahrnehmen. Anschließend laden wir ein, Zachäus, Jesus und die Menge als Experten für das Thema »Außenseiter« zu befragen und so die in dieser Geschichte geronnene Verwandlungserfahrung fruchtbar zu machen.

Ablauf der Einheit

Etiketten-Spiel[23] (10 Min.)

Ein Aspekt des Themas »Außenseiter« ist, dass wir manchmal nur etwas ganz Bestimmtes an einem Menschen wahrnehmen und uns entsprechend verhalten. Um diese Erfahrung geht es in dieser Übung:

Wir werden jeder und jedem von euch jetzt ein Etikett an die Stirn kleben, ohne dass ihr selbst wisst, was dort steht.

---

22 Vgl. Theißen 1984, S. 93 ff., S. 143 ff., S. 190 ff.
23 In Anlehnung an Wohlrab/von Oettingen (2015).

Die Leitenden sollten darauf achten, dass möglichst niemand das Etikett bekommt, das ihm eventuell wirklich schon anhaftet.

Geht jetzt bitte einfach durch den Raum. ... Wenn ihr jemandem begegnet, schaut auf das Etikett und begrüßt einander entsprechend kurz und verabschiedet euch wieder. ... Geht ein kurzes Gespräch ein, wenn ihr euch nun begegnet. ... Ihr trefft euch an der U-Bahnstation an dieser Wandseite, wartet auf die Bahn. ...
Nehmt nun eure Etikette ab und lest sie.

Erfahrungsaustausch (Dreiergruppen) (5 Min.)

Tauscht euch in Dreiergruppen aus: Wie ist es euch ergangen, so auf andere zuzugehen und zu reagieren? Wie habt ihr die anderen euch gegenüber erlebt?

Erfahrungen mit Ausgrenzung (Paare) (10 Min.)

Jede und jeder von uns lebt gleichzeitig in verschiedenen Gruppen, Familien, Mannschaften, Cliquen. Wir begegnen Menschen auf der Straße, im Bus, im Laden, im Internet. Ist es euch schon passiert, dass ihr das Gefühl hattet, plötzlich ausgegrenzt oder Außenseiter zu sein? Wie fühlte sich das an und wie seid ihr damit umgegangen?

Die Zachäusgeschichte (Lk 19,1–10) (5 Min.)

Es gibt in der Bibel im Lukasevangelium die Geschichte von der Begegnung eines Zöllners namens Zachäus mit Jesus in Jericho. Er arbeitete für die Römer, die Israel erobert hatten. Er kassierte für sie Zoll für Waren, die Menschen in die Stadt brachten. Dabei hat er offenbar öfter auch zu viel kassiert und in die eigene Tasche gesteckt. Dadurch war Zachäus reich und hatte ein Haus. Körperlich war er aber ziemlich klein.

Textlesung am besten von Teamern in verteilten Rollen, die auch zur Verfügung stehen, wenn es Fragen an den Text geben sollte.

Vorbereitung der Fragen an Zachäus, die Menge und Jesus (10 Min.)

Nachdem, was sie erlebt haben, könnte man sagen, dass Zachäus, Jesus und die Menge Experten für das Thema »Außenseiter« sind. Wir werden sie befragen. Dazu bitten wir euch, zu dritt Fragen zu überlegen, die ihr an unsere drei Außenseiter-Experten stellen möchtet. Notiert auf Karten jeweils Stichworte zu jeder Frage und an wen sie gerichtet ist.

Befragung von der Menge, Zachäus und Jesus (15 Min.)

Die Gruppe sitzt im Stuhlhalbkreis vor einem leeren Stuhl. Zuerst befragen die Konfis »die Menge« anhand der vorbereiteten Fragen. Aus der Gruppe sind alle eingeladen, – jeweils einzeln – auf dem »Menge«-Stuhl Platz zu nehmen. Während der Befragung kann durch Klopfen auf die Schulter ein anderer Konfi einwechseln. Sind Teamerinnen im Leitungsteam, erleichtert es den Start, wenn aus dem Team jemand beginnt, sofern am Anfang kein Konfi möchte. Gibt es Unklarheiten, kann immer wieder auch der Text befragt werden. Ebenso werden dann Zachäus und Jesus als Außenseiter-Experten und als Menschen, die selbst Erfahrungen damit haben, Außenseiter zu sein, auf dem Stuhl befragt.

Auswertung (10 Min.)

Überlegt einmal für euch selbst und sagt dann, was ihr mögt, zu folgenden Fragen:
- Was habe ich zum Thema »Außenseiter« entdeckt durch die Begegnung mit a) Zachäus, b) mit der Menge c) mit Jesus?
- Was bedeutet das für meine eigenen Erfahrungen mit dem Thema?

Feedback (5 Min.)

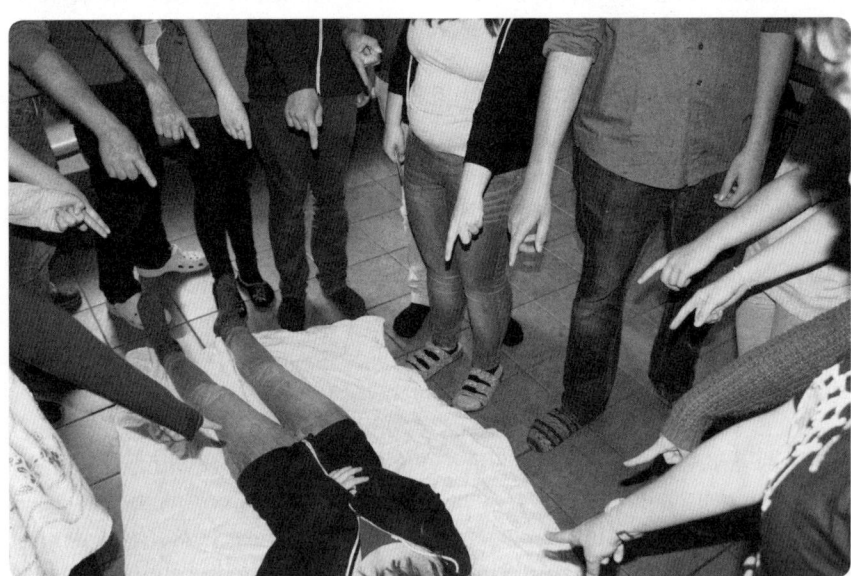

5.5 Beziehungen | Jakob, Lea und Rahel | Rollenarbeit

Rahmenbedingungen

Zeit:	60 Minuten
Raum:	Großer Raum mit Platz für Bewegung für alle
Organisationsform:	Einzelstunde
Material:	– Bibel (Gen 29)
	– Moderationskarten, Stifte

Gedanken zu Lebensthema, Bibeltext und Methodenwahl

Das Grundbedürfnis, geliebt zu werden, teilen alle Menschen. Für Konfis sind Beziehungen extrem wichtig, sei es als erste Erfahrungen mit Liebesbeziehungen oder auch Freundschaften und Geschwisterkonstellationen. Wer findet mich gut? Soll ich mit ihr »gehen«, auch wenn ich eigentlich in eine andere verliebt bin? Meine Schwester hat mir meinen Freund ausgespannt. Meine Freundin hat keine Zeit mehr für mich, seit sie einen Freund hat … All dies sind ganz konkrete Fragen und Erfahrungen, die junge Jugendliche in große Gefühlsschwankungen versetzen und die sie daran hindern können, sich auf etwas anderes zu konzentrieren. Manchmal spielen sich solche Beziehungsgeflechte auch innerhalb der Konfi-Gruppe ab. Das Bedürfnis, sich (mit der besten Freundin) darüber auszutauschen, ist einerseits groß, andererseits auch von Peinlichkeit und Angst vor Zurückweisung überdeckt, sodass Unsicherheit, die sich häufig in Gekicher oder aufgesetzt coolem Verhalten äußert, dieses Thema oft überlagert.

In der Bibel finden wir viele Geschichten, die von verwickelten Beziehungen erzählen. Wir wählen hier die von Jakob und den Schwestern Lea und Rahel, in der es um eine Dreiecksbeziehung geht. Zwar sozialgeschichtlich in einem anderen gesellschaftlichen System verortet als heute, dennoch kann man sich vorstellen, dass die Gefühle der handelnden Personen ähnlich den heutigen sind. Unglücklich verliebt sein, zurückgewiesen, als Notlösung benutzt, eifersüchtig, damit können sich Jugendliche identifizieren.

Deshalb arbeiten wir hier mit einer darstellerischen Methode, die Rollenidentifikation ermöglicht und gleichzeitig durch das Spielen einer Rolle vor Privatem schützt. Die Rolle wird zwar mit eigenem Körperausdruck belebt, aber genutzt, um Theater zu spielen. So lässt die Rollenarbeit aus dem Schauspieltraining Distanz und innere Nähe gleichzeitig zu.

Ablauf der Einheit

Warm-up (5 Min.)

Im Raum umhergehen, dabei in verschiedenen Rollen gehen: wie eine wichtige Geschäftsfrau, ein einsamer alter Mann, eine schüchterne junge Frau, ein verliebter junger Mann, eine aufgeregte Frau (vorm ersten Date), eine eingebildete Frau, ein rasend eifersüchtiger Mann, eine verlassene Frau ...

Hinführung zum Thema »Beziehungen« (10 Min.)

Assoziationen zum Thema sammeln (auf Karten schreiben):

An welche Beziehungen denkt ihr? Welche Konflikte können im Zusammenhang mit Beziehungen auftreten? Welche Gefühle kommen dabei vor?

Einführung Bibelgeschichte: Die Beziehung von Jakob, Lea und Rahel (5 Min.)

Die Geschichte Genesis 29,1–30 wird vorgelesen (noch besser: erzählt). Spontane Rückfragen, Verständnisfragen werden geklärt, evtl. Hinweise zu sozialgeschichtlichem Hintergrund geben.

Rollenarbeit zu einer gewählten Bibelfigur: Bewegung und Satz (10 Min.)

Jeder Konfi wählt nun eine der drei Rollen aus der Geschichte, die ihn jetzt gerade anspricht (ohne sie schon zu nennen).

Wir machen nun eine Theaterübung, wie echte Schauspieler sie auch machen: Wähle einen Platz im Raum. Schließe die Augen und stelle dir deine gewählte Figur vor. Wie sieht sie aus, was hat sie an, welche Körperhaltung stellst du dir vor? Schlüpfe nun in deiner Vorstellung in Jakob, Lea oder Rahel hinein, öffne die Augen.
Ich werde dich jetzt durch deine Körperteile leiten und dir Anregungen geben, wie du deine Rolle in Bewegung bringen kannst.
Achte zunächst auf deine Füße: Wie setzt die Person ihre Füße auf? Macht sie große Schritte oder eher zaghafte kleine? Ist es ein fester, kraftvoller Schritt oder eher ein leichtes Schweben? Geht sie zielgerichtet gerade Wege oder bewegen sich ihre Füße mal hierhin, mal dorthin, ohne eine Richtung? Probiere verschiedene Arten aus, in der Rolle die Füße zu bewegen.
Füße stehen in der Bibel für Lebendigsein, Unterwegssein und für Stehen, einen Standpunkt haben.[24]

---

24 Die symbolische Bedeutung der einzelnen Körperteile nach Schroer/Staubli (1998).

Füße können auch treten. Jemanden oder etwas mit Füßen zu treten, bedeutet, ihn zu unterdrücken. Was tun die Füße deiner Figur?
Finde für deine Rolle eine typische Weise, die Füße zu bewegen.
Achte nun auf dein Becken: Das Becken steht in der Bibel für Fruchtbarkeit und Lebendigkeit, Männlichkeit und Weiblichkeit.
Wie hält deine Figur ihr Becken? Ist es starr und fest oder weich und beweglich? Nimmt sie es zurück oder schiebt sie es vor? Wie ausladend bewegt sie ihre Hüften? Wie bewegt deine Figur dieses Becken?

Entsprechend geht die Lenkung der Aufmerksamkeit weiter durch alle Körperteile.
- Oberkörper: Rückgrat/Wirbelsäule aufrecht oder gekrümmt, nach hinten oder nach vorne geneigt? Brust: offen oder verschlossen, verletzbar oder geschützt, zugewandt oder abgewandt, selbstbewusst? Der Rücken ist in der Bibel als Symbol für Lastentragen beschrieben oder als Zeichen der Missachtung (den Rücken zukehren).
- Arme und Hände als Körperteile, die Kontakt nach außen ermöglichen: angespannt oder entspannt, schlaff oder geführte Bewegungen, angreifend oder zurückhaltend, abwehrend oder bittend, offen oder verschlossen, frei beweglich oder den Körper berührend/festhaltend? Hände symbolisieren in der Bibel das Handeln, das schöpferische Tun, auch Stärke und Macht.
- Kopf, Sitz von Gedanken und Vernunft: Wie hält deine Rolle ihren Kopf, wohin geht der Blick? Hochnäsig, kontrollierend, niedergeschlagen, starr (stur) oder beweglich? In der Bibel bedeutet der Kopf Erkenntnis, Kommunikation und Begegnung. Der Kopf repräsentiert den ganzen Menschen, seinen Stolz und seine Würde.

Nun erinnere dich noch einmal an alle Merkmale der Körperteile und übertreibe sie, mache sie groß und deutlich: die Füße, das Becken, den Oberkörper, die Arme und Hände, den Kopf.
Was geht Jakob, Lea, Rahel jetzt wohl durch den Kopf? Wenn sie jetzt etwas sagen könnten, was wäre das? Finde einen Satz für deine Rolle, der mit »Ich ...« beginnt (z. B. »Ich fühle mich voll verraten«, »Ich bin viel beliebter als meine Schwester« ...).

Rolle vorstellen (5 Min.)

Die Rollen werden nun den anderen vorgestellt: Alle, die Jakob sind, kommen in die Mitte, die anderen stehen im Kreis außen herum. Jeder »Jakob« stellt sich einmal mit seiner gefundenen Bewegung und einem Satz vor, dann alle »Leas« und »Rahels«.

Begegnungen inszenieren (5 Min.)

In Zweier-Begegnungen (wahlweise Jakob + Rahel, Lea + Rahel, Jakob + Lea) wird eine kleine Begegnung inszeniert. Die Partner entscheiden sich für eine Situation in der Beziehung dieser beiden Rollen und entwerfen eine kurze Szene mit Gespräch.

Vorstellen der Beziehungsszenen (10 Min.)

- Alle Begegnungen werden hintereinander vorgestellt ohne Zwischenkommentare.
- Zum Abschluss schütteln alle ihre Rolle ab und setzen sich im Kreis zusammen.

Reflexion (10 Min.)

Überlegt einmal für euch selbst und sagt dann, was ihr mögt, zu folgenden Fragen:
- Was habe ich in den gespielten Szenen über Jakob, Lea und Rahel gesehen?
- Wir hören noch einmal die Geschichte (Gen 29). Wie verstehe ich diese Geschichte jetzt?
- Was habe ich heute über das Thema »Beziehungen« entdeckt?

5.6 Einsamkeit | Jesus in Gethsemane | Kunstobjekt gestalten

Rahmenbedingungen

Zeit:	60 Minuten
Raum:	Tisch und Stuhl für jeden Konfi oder genügend Platz auf dem Fußboden
Organisationsform:	Einzelstunde oder während eines Konfi-Tages
Material:	– Bibel (Mk 14,32–42) – Pro Konfi 2–3 einfache Rohmaterialien, z. B. eine feste Pappe (ca. 20 × 20 cm), eine Holzkugel und rote Schnur oder: Packpapier, Wolle

Gedanken zu Lebensthema, Bibeltext und Methodenwahl

Das Gefühl, von allen verlassen zu sein, erleben Konfis häufig. Soziale Abgeschiedenheit durch Mobbing, die Empfindung nach einer zerbrochenen Freundschaft, das Gefühl, die Eltern verstehen einen nicht mehr, der »Verrat« einer Freundin oder Einsamkeit kommen oft vor. Die Ambivalenz von Einsamkeit, nämlich die Idee, dass Alleinsein als innere Bereicherung bewusst gesucht wird, kommt meistens erst im Erwachsenenalter. Bei Jugendlichen, die so sehr von ihrer Peergroup abhängig sind, zeigt sich Einsamkeit eher als bedrückend. Einsamkeit lässt sich dabei nicht an der Zahl der sozialen Kontakte messen, sondern hängt davon ab, wie jede sich selbst und ihre Umwelt wahrnimmt. Das Gefühl von Isolation wird als negativ empfunden.

Die Geschichte von Jesus im Garten Gethsemane beschreibt eine Situation, in der es Jesus auch einmal schlecht geht, in der er nicht der übermenschliche Held ist, der Dinge zustande bringt, die wir niemals können. Hier erscheint er sehr menschlich, mit Gefühlen von Verlassensein von Freunden und Gott, er hadert mit seinem Schicksal (zittern und zagen, »der Kelch möge an mir vorübergehen«). Wir ahnen, dass es guttun kann, sich auch einmal mit dieser Seite von Jesus auseinanderzusetzen.

Gefühle in einer abstrakten Skulptur auszudrücken, ist für Konfis wahrscheinlich eine ungewöhnliche Methode. Wenn man ein Objekt gestaltet, eher intuitiv als lange nachzudenken, fließt etwas ein, das etwas der eigenen inneren Bilder ausdrückt. Eine kurze Einführung in die Symbolsprache in abstrakter Kunst erleichtert diesen Zugang. Wir wählen die Abstraktion, um die Privatheit zu schützen, damit keine szenische Darstellung von realen Situationen entsteht, sondern ein Ausdruck des Gefühls gefunden werden kann. Zugleich schützt auch der Auftrag »Gestalte ein Gefühl aus dem Leben Jesu« vor zu viel privater Betroffenheit.

Wir bieten nur sehr wenige einfache Materialien an, damit keine illustrierende Bastelei entsteht, sondern eher Abstraktion durch Konzentration auf Weniges: verschiedene Materialien, darunter mindestens eine, die flexibel ist (z. B. Papier, Schnur, biegsames Drahtgeflecht), um eigene Formen daraus schaffen zu können, und eine, die fest ist (Kugel, Stein) und somit als Symbol benutzt werden kann.

Ablauf der Einheit

Hinführung Bibeltext Markus 14,32–42 (10 Min.)
- Einführung: Kontext der Lebensstation Jesu in Gethsemane
- Text reihum lesen (wer mag)

Welche Gefühle könnte Jesus in dieser Szene haben?

Hinführung Symbolik in der Kunst (10 Min.)
- Bilder von Skulpturen der modernen Kunst zu Gefühlsthemen zeigen[25]
- Über die Symbolik und Ausdruckskraft austauschen: Mit welchen Mitteln wurden Gefühle ausgedrückt?

Kunstobjekt gestalten zu »Jesus in Gethsemane« (15 Min.)

Jeder gestaltet für sich ein abstraktes Objekt zum Thema »Jesus im Garten Gethsemane«. Wichtig ist der Hinweis, dass es nicht darum geht, die Szene bildlich darzustellen, sondern sich zu überlegen, wie das Gefühl von Jesus in dieser Situation war und das abstrakt auszudrücken. Zur Verfügung stehen Packpapier, rote Wolle, pro Konfi eine Holzkugel (evtl. eine Pappe als Unterlage).

Am Ende gibt jeder seinem Kunstwerk einen Titel, schreibt ihn auf ein Kärtchen und legt ihn neben das Objekt (und räumt den eigenen Arbeitsplatz wieder auf).

Ausstellung und Rückmeldungen (15 Min.)
- Alle Objekte werden auf Tischen, Fensterbänken oder auf dem Fußboden platziert.

---

25 Z. B. Henry Moore, Markus Lüpertz, Berthold Grzywatz. Skulpturen zu »Gefühlsthemen« finden sich bei http://www.skulpturen.org/kuenstler/ und https://www.berthold-grzywatz.de/skulpturen/skulptur/einsamkeit-2018/ (zuletzt abgerufen am 11.12.2018).

Einsamkeit | Jesus in Gethsemane | Kunstobjekt gestalten

- Die Leitung hält eine kleine »Eröffnungsrede« zur Ausstellung, die das Thema nennt und den Bibeltext einbezieht. Dabei sollte auch herausgestellt werden, dass Kunst nicht zu bewerten ist, sondern uns anregen soll.
- Die Gruppe geht gemeinsam herum und betrachtet die Werke.
- Zu jedem Werk werden eigene Assoziationen gesammelt:

Was sehe ich? Welche Bilder kommen mir dabei?
Welches Gefühl empfinde ich darin? Wie geht es dem Jesus, der hier dargestellt wird?
Welche Aussage (auch in Bezug auf den Titel) könnte das Kunstwerk haben?

- Die Künstlerin erzählt, was sie möchte, über den Gestaltungsprozess, den Titel und ihre Aussage.

Reflexion (10 Min.)

Überlegt einmal für euch selbst und sagt dann, was ihr mögt, zu folgenden Fragen:
- Was habe ich über den Jesus in dieser Geschichte erfahren?
- Kenne ich solche Gefühle auch?

Wer mag, erzählt davon.

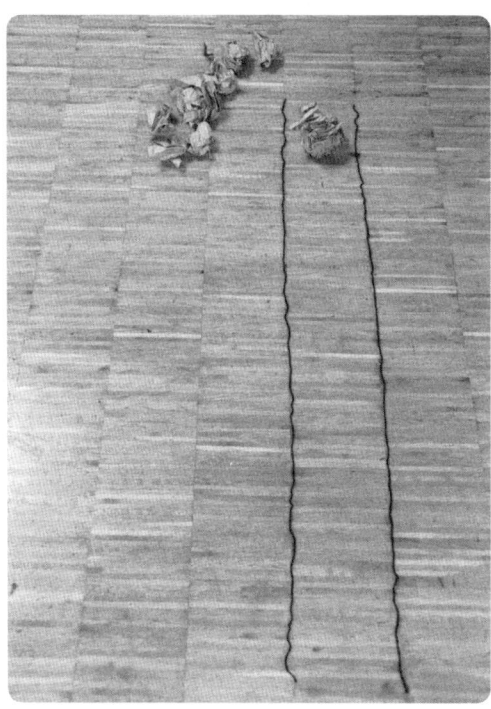
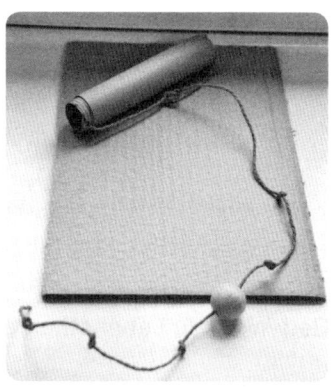

5.7 Eltern | Zwölfjähriger Jesus | Übermalungen

Rahmenbedingungen

Zeit: 60 Minuten

Raum: Stuhlkreis mit Tischen als Malplatz für je 1–2 Konfis außen herum. Viel Platz an der Wand oder auf dem Boden für zwei DIN-A3-Bilder pro Konfi.

Organisationsform: Die Einheit eignet sich auch für eine Einzelstunde. Die Gruppe sollte nicht zu groß sein, damit genügend Zeit für die Vorstellung und Auswertung bleibt. Hierfür kann die Gruppe zur Not auch in Teilgruppen geteilt werden, die allerdings eine kompetente Leitung brauchen. Wie bisher ist es auch beim Thema »Eltern« sinnvoll, (im Team) Zeit für Seelsorge zwischen Tür und Angel einzuplanen.

Material:
- Bibeltext (Lk 2,41–52)
- Farbölkreiden (z. B. Jaxon)
- DIN-A4-Schwarz-Weiß-Kopien verschiedener Darstellungen zur Geschichte des zwölfjährigen Jesus im Tempel aus der Kunstgeschichte (z. B. von Max Liebermann, Emil Nolde, Rembrandt, Adolf Menzel, Albrecht Dürer, Bernard Strigel, Duccio di Buoninsegna) oder illustrierten (Kinder-)Bibeln
- DIN-A3-Blätter
- Karten, Klebestifte, Tesa-Krepp
- CD-Player oder Smartphone mit Boxen und drei Musikbeispiele, die sehr verschiedene Stimmungen ausdrücken (z. B. Kanon von Pachelbel, Heavy Metal, melodischer Jazz)

Gedanken zu Lebensthema, Bibeltext und Methodenwahl

Konfis beginnen, sich von den Eltern und ihrem Selbstbild als Kind zu lösen, und andere Anerkennungsquellen gewinnen an Bedeutung. Darin, ein eigener Mensch zu werden und im Generationenwechsel selbst steckt auch ein aggressiver Impuls. Für Konfis ist es wichtig, dass dieser vorkommen darf, dass die Eltern ihn »überleben« und sich nicht rächen (Winnicott 2002, S. 101 ff.; 162 ff.). In diesem Prozess kommt es zu wechselseitigen Fremdheitserfahrungen. Zugleich gibt es immer wieder Kuschelbedürfnisse, die dann wieder peinlich werden, weil sie zeigen, wie abhängig die Jugendlichen eben auch noch sind. Klassische Elternbeziehungen werden mitunter »verdreht«, wenn Eltern stark abhängig sind von ihren Kindern in Bezug auf den Umgang mit aktueller Technik und neuen Medien oder im Blick auf Sprachkompetenz bei Migrationshintergrund. All das erleben Konfis sehr unterschiedlich, je nach Milieu, nach (Patchwork-)

Familiensituation und auch danach, wo sie neue Anerkennungsquellen suchen und finden. Die Konfi-Zeit kann Jugendlichen über die Gruppe, die Unterrichtenden und Teamerinnen einen solchen neuen Resonanzraum eröffnen. Zugleich können Eltern ihre Kinder in Vorstellungsgottesdiensten, Projekten und im Konfirmationsgottesdienst »anders« erleben.

Lukas projiziert in seinem Evangelium Spuren des Göttlichen zurück in Kindheit und Jugend Jesu. In der Geschichte vom zwölfjährigen Jesus im Tempel greift er Konflikte und Ambivalenzen in der Elternbeziehung auf, die verletzt und entsetzt sind von den Ablösungs- und Suchbewegungen ihres Kindes, aber auch versuchen, was sie an Neuem an ihm entdecken, in ihrem Herzen zu verarbeiten. Jesus erfährt im Tempel ein Gespräch auf Augenhöhe, Resonanz für seine Person und seinen Verstand in neuer Qualität. Er hat eine Art zweites Zuhause »in dem, was meines Vaters ist«, gefunden und geht dennoch am Ende gehorsam mit den Eltern, wo er weiter zunimmt an »Weisheit, Alter und Gnade bei Gott und den Menschen«.

Methodisch laden wir die Konfis ein, zunächst geschützt abstrakt durch Farben und Formen Stimmungen und Gefühle auszudrücken, die sie mit »Eltern« verbinden. Die Spannung zwischen Elternbeziehung und neuer Resonanzerfahrung im Tempel haben viele Künstler in einem Gemälde zum biblischen Text konzentriert zum Ausdruck gebracht. Wir nutzen Schwarz-Weiß-Kopien verschiedener Gemälde als Resonanzraum und anregenden Hintergrund, eigene Erfahrungen nun mit Farben und Formen übermalend hierzu in Beziehung zu setzen.

Ablauf der Einheit

Hinführung zu freiem Malen mit Musik (5 Min.)

Bei dieser Hinführung geht es darum, dass Konfis ein Gespür dafür bekommen, subjektive Eindrücke spontan in Farben und Formen auszudrücken. Es soll nichts Gegenständliches entstehen, sondern Farben auf dem Papier tanzen:

Wir werden uns heute malend mit dem Thema »Eltern« beschäftigen. Zunächst geht es darum, uns etwas warm zu malen: Nehmt euch ein DIN-A3-Blatt und je eine Kreide in jede Hand. Ihr werdet gleich ein kurzes Musikstück hören. Lasst euch von der Musik inspirieren, drückt einfach Gefühle und Stimmungen mit Farbe und Bewegung aus. Lasst die Farben auf dem Blatt zur Musik 30 Sekunden tanzen. Danach stoppe ich die Musik. Ihr nehmt euch ein neues Blatt Papier und zwei neue Farben und lasst sie zu dieser Musik tanzen. Das machen wir dreimal.

»Eltern« – Freies Malen auf DIN-A3-Blatt mit Ölkreiden (5 Min.)

Nehmt euch ein neues DIN-A3-Blatt. Jetzt gibt es keine Musik, sondern ein Thema und ihr seid wieder eingeladen, eure Stimmungen und Gefühle dazu mit Farben und Formen auszudrücken. Wählt gleich spontan die Farben, bleibt bei euch und eurem Bild. Das Thema heißt »Eltern«. …
Schaut noch einmal auf euer Bild und versucht, eine besonders wichtige Form mit Farben weiter zu verstärken. …
Gebt eurem Bild jetzt einen Titel und schreibt ihn auf eine Karte.

Der zwölfjährige Jesus im Tempel – Kunstdarstellung wählen (10 Min.)

In der Bibel gibt es eine besondere Erzählung von Jesus und seinen Eltern: Als er 12 Jahre alt ist, darf er das erste Mal mit nach Jerusalem in den Tempel …
Textlesung Lukas 2,41–52
Diese Szene ist oft von Künstlern dargestellt worden. Wir haben einige in Schwarz-Weiß-Kopie auf dem Boden ausgelegt. Schaut sie euch eine Weile an und nehmt euch ein Bild, das euch spontan anspricht. Klebt es in die Mitte eines leeren DIN-A3-Blattes.

Bild-Übermalung (10 Min.)

Nehmt euch nun wieder Farben und übermalt das aufgeklebte Bild: Was möchte ich weghaben? Was übermale ich so, dass man es nicht mehr sieht? Was möchte ich betonen, verstärken mit Farbe oder Form? Was möchte ich verändern oder ergänzen? …
Schaut noch einmal auf euer letztes eigenes Bild zu »Eltern« und die Form, die ihr dort verstärkt habt. Übertragt diese Form irgendwie in das übermalte Bild. …
Gebt eurem übermalten Bild nun einen Titel und schreibt ihn auf eine Karte.

Präsentation der »Eltern«-Bilder und der übermalten Bilder (20 Min.)

Alle Konfis stellen nun ihre beiden Bilder vor. Niemand wird dazu gezwungen. Ist die Gruppe zu groß, sollte man zwei Gruppen mit kompetenter Leitung bilden lassen, in denen die Bilder vorgestellt werden.

Eine kleine Ausstellung kann auf dem Boden oder an der Wand gestaltet werden, sodass jeweils das »Eltern«-Bild mit etwas Abstand über dem übermalten Bild hängt. Die Konfis behalten die Titel-Karten zunächst noch für sich. Die Gruppe stellt sich zum ersten Bild und äußert ihre Assoziationen zu den beiden Bildern. Wichtig ist, dass es ihre eigenen Assoziationen sind und es nicht um eine Beurteilung der Bilder geht. Anschließend heftet die Künstlerin die Titel dazu. Hieraus können noch einmal neue Assoziationen entstehen. Die Künstlerin selbst hat dann das letzte Wort, was sie noch zu ihren Bildern und Titeln sagen möchte.

Auswertungsrunde (5 Min.)

Überlegt einmal für euch selbst und sagt dann, was ihr mögt, zu folgenden Fragen:
- Was für einen Gedanken zu »Eltern« nehme ich mit?
- Was habe ich über mich neu entdeckt?
- Was habe ich über Jesus neu entdeckt?

Feedback zur Einheit (5 Min.)

Eltern-Übermalung von Rembrandts »Christus zwischen seinen Eltern, Rückkehr aus dem Tempel« (1654)

5.8 Erfolg und Scheitern | Abendmahl | Interview-Rollenspiel

Rahmenbedingungen

Zeit: 90 Minuten

Raum: Größerer Saal, längere Tafel mit Tischtuch, Teller mit Brot und Abendmahlskelch. Je mindestens drei beschriftete Stühle dicht beieinander von links für Petrus, Johannes, rechts außen Judas sowie ein Stuhl für Jesus in der Mitte. Zu Beginn Stuhlhalbkreis vor dem Abendmahlstisch.

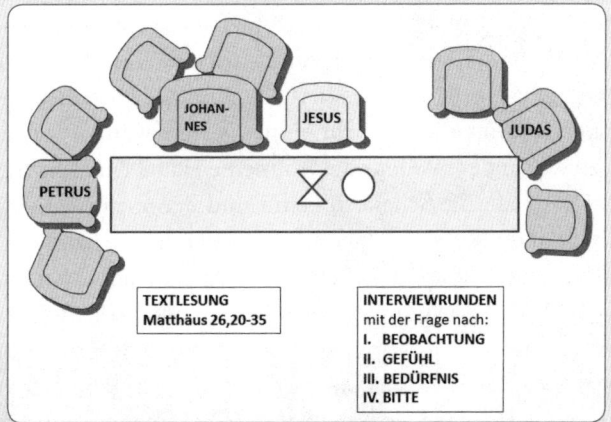

Organisationsform: Empfohlen als Einheit auf einem Konfi-Tag / Konfi-Wochenende, gern mit Teamerinnen. Da mit etwas Abstand nach dieser Einheit – z. B. am Abend auch ein schlichtes »richtiges« Abendmahl gefeiert werden sollte – bietet sich die Einheit zu einem Zeitpunkt an, zu dem alle ungetauften Konfis getauft sind bzw. aus diesem Grunde niemand vom Abendmahl ausgeschlossen wird. Die Mitte der Konfi-Zeit bietet sich auch an, da diese Einheit mit einer Zwischenbilanz zur bisherigen Gemeinschaftserfahrung und der Frage, was der konkreten Gruppe auf dem weiteren Weg guttäte, verbunden werden kann.[26]

Material:
- Rollenloszettel je nach Gruppengröße mit mindestens 3 × Johannes, 3 × Judas, 3 × Petrus
- Bibeltext (Mt 26,20–35, Luther 2017), als Großdruck für Lesung in verteilten Rollen
- Stuhlbeschilderungen für die Rollen
- Abendmahlskelch, Teller mit Brot
- Flipchart und Stellwand
- Grüne und gelbe Karten mit Stiften

---

26 Zur Frage, was Konfi-Gruppen guttut und zum Umgang mit Störungen vgl. Franke 2018a.

Gedanken zu Lebensthema, Bibeltext und Methodenwahl

Konfis erleben sich neben der Familie in unterschiedlichen Gemeinschaften – von der Schulklasse über den Sportverein, die Clique bis zur Freundschaftsgruppe in sozialen Netzwerken und auch konkret in der Konfi-Gruppe. Sie erleben, wie wohltuend eine gute Gemeinschaft sein kann, welche Erfolge man zusammen erreichen und feiern kann, aber auch wie schnell sie zerbrechen. Stehe ich noch weiter zu ihnen, auch wenn sie verlieren? Behalten wir Lara noch in der Clique, auch wenn es ihr neulich anscheinend peinlich war, mit uns gesehen zu werden? Kann man Jonas, der nichts für sich behalten kann, noch trauen? Macht es Sinn, noch zusammenzubleiben, wenn Nele, die den ganzen Laden bisher zusammengehalten hat, nicht mehr dabei ist? Konfis erleben bei anderen gemeinschaftsgefährdendes Verhalten und sie erleben auch an sich selbst, dass sie eigenen Ansprüchen nicht immer gerecht werden oder zerrissen sind: Stehe ich zu den anderen oder rette ich meine Haut? Die Sehnsucht nach tragfähiger Gemeinschaft, die Scheitern kennt und dennoch überlebt, ist groß. Wenn es gelingt, in der Konfi-Gruppe so etwas zu erleben, kann das fürs Leben prägen.

Uns führen diese Fragen zum letzten Abendmahl Jesu mit seinen Jüngern. Eben sind sie noch gemeinsam mit Palmwedeln umjubelt erfolgreich in Jerusalem eingezogen und feiern zusammen das Passahmahl in Erinnerung an die Befreiung aus ägyptischer Sklaverei. Plötzlich spricht Jesus rätselhaft von seinem Tod und ihre wunderbare Gemeinschaft scheint auseinanderzufliegen: Sie werden Jesus verraten, verleugnen und verlassen. Trotzdem sitzen alle an einem Tisch und Jesus deutet an, dass sie alle wieder beisammen sein werden an »dem Tag, an dem ich den neuen Wein im Reich meines Vaters mit euch trinken werde«. Bis dahin sollen sie so Abendmahl feiern zu seinem Gedächtnis und »zur Vergebung der Sünden«.

In der Abendmahlsszene und im Ritual des Abendmahls drückt sich die urchristliche Erfahrung aus, dass eine Gemeinschaft, in der angesichts des Kreuzestodes Jesu alle Einzelnen scheitern, die Gemeinschaft dieses Scheitern erstaunlicherweise überlebt, weil sie dennoch die lebendige vergebende und nicht rächende Anwesenheit Jesu Christi spürt.

Wir gehen von eigenen Erfahrungen der Konfis mit Erfolg und »überlebtem Scheitern« von Gemeinschaften aus. Als Methode der Textbegegnung mit der Abendmahlsszene wählen wir ein Interview-Rollenspiel, in dem den in ausgewählte Rollen der Abendmahlsszene hineinversetzten Konfis nach der Textlesung die vier Fragen der Gewaltfreien Kommunikation (GFK)[27] nach

---

27 Die GFK ist ein in den 60er-Jahren von dem Carl-Rogers-Schüler Marshall B. Rosenberg (2009, S. 213) entwickeltes Konzept, zwischenmenschliche Kommunikation vor allem im Konflikt-

Beobachtungen, Gefühlen, Bedürfnissen und Bitten gestellt werden. Diese Methode eignet sich besonders, um Beziehungsdynamiken entschleunigt und kontrolliert erfahrbar zu machen, die hinter konfliktreichen biblischen Geschichten stehen. Als Rollen wählen wir den Verräter Judas, den Lieblingsjünger Johannes und Simon Petrus, der Jesus verleugnen wird. Für Jesus lassen wir einen freien Stuhl, den Konfis aus den anderen Rollengruppen heraus kurz besetzen können, um ihm ihre Stimme zu leihen.

Zwei Konfis oder Teamer stellen wir als Prozessbeobachter ab. Ein oder mehrere Teamer (in verteilten Rollen) übernehmen die Textlesung. Sie können immer wieder befragt werden, was im Text steht. Dafür ist es erforderlich, vorher mit ihnen so zu arbeiten, dass sie den Text verstehen und deutlich und sicher lesen können.

Ablauf der Einheit

Eigene Erfahrungen: Dass die Gruppe das überlebt hat! (10 Min.)

Wir leben in verschiedenen Gruppen und erleben auch Gruppen, zu denen wir nicht selbst gehören: die Familie, die Clique, die Social-Network-Gruppe, die Schulklasse, die Mannschaft, die Band …

Setzt euch zu dritt zusammen und erinnert euch an einen besonderen Erfolg einer Gruppe. Notiert ein Stichwort dazu auf grünen Karten.

Erinnert euch jetzt an eine schwierige Situation, die die Gruppe trotzdem überlebt hat. Notiert ein Stichwort dazu auf gelbe Karten und schreibt dazu ein Stichwort, was zum Überleben geholfen hat.

Wählt je eine grüne und eine gelbe Karte aus, die ihr den anderen vorstellt.

Vorstellung der Karten an der Stellwand (10 Min.)

---

fall zu verbessern. Rosenberg versteht die GFK stärker als Haltung denn als Technik. Es geht ihm in einem wechselseitigen empathischen Prozess darum, 1. zu beobachten, ohne zu bewerten, 2. Gefühle wahrzunehmen, die durch meine Beobachtung ausgelöst werden, sie auszudrücken und Verantwortung für sie zu übernehmen, indem ich mir 3. die Bedürfnisse an ihren Wurzeln bewusst mache und 4. um das bitte, was mein Leben bereichert, ohne zu fordern. Rosenberg geht detailliert auf die Unterschiede von Beobachtung und Urteil, von Gefühl und »Nicht-Gefühl« ein, legt bestimmte Grundbedürfnisse zugrunde und unterscheidet genau zwischen Bitten und Forderungen.

Zur Methode Interview-Rollenspiel in Verbindung mit GFK vgl. Franke 2017 und 2015.

Erfolg und Scheitern | Abendmahl | Interview-Rollenspiel

Wo das Abendmahl herkommt – erzählende Hinführung (5 Min.)

Jesus und seine Jünger waren eine besondere Gemeinschaft und eigentlich ist es ein Wunder, dass Menschen bis heute in seinem Namen zusammen sind und Abendmahl feiern und die Gruppe damals nicht auseinandergeflogen ist:
Jesus erzählte vom Reich Gottes, von Gott, er heilte Menschen.
Er forderte einige auf, ihm einfach nachzufolgen:
Fischer, Zöllner … Auch Frauen zogen damals mit ihnen.
Sie waren begeistert, ließen alles stehen und liegen und brachen auf.
Sie haben Wunderbares erlebt mit Jesus.
Sie waren so verschieden, jede und jeder für sich und doch eine Gemeinschaft, eine Gruppe – verbunden mit Jesus.
Aber es gab auch Lieblingsjünger – wie Johannes.
Es gab auch Konkurrenz: Wer darf später im Himmel neben Jesus sitzen?
Es kam immer wieder vor, dass sie nicht wirklich verstanden, was Jesus eigentlich wollte.
Oft sammelten sich Massen um sie. Als sie in die Hauptstadt Jerusalem einzogen, wurden sie jubelnd empfangen. Was für ein Erfolg!
Aber: Was Jesus von Gott erzählte, wie er heilte, mit wem er sich traf … Das provozierte damals die Mächtigen.
Mit seinen Jüngern saß Jesus eines Abends in Jerusalem, der Hauptstadt, an einem Tisch.
Ein besonderer Abend – ein Festabend: Passah –, das Fest, an dem die Israeliten sich daran erinnern, dass sie einmal aus der Sklaverei in Ägypten befreit wurden.
An diesem Abend saß Jesus mit seinen Jüngern zusammen am Tisch: eine Gemeinschaft.
Wir konzentrieren uns auf Jesus und drei von ihnen: Judas, Johannes und Petrus.

Aufteilung der Rollen per Loszettel (5 Min.)

Wir laden euch jetzt ein, in die Rollen von Judas, Johannes und Petrus – und immer wieder auch Jesus – hineinzuspringen. Wir teilen die Rollen per Los ein. Danach werden wir die Geschichte vom Abendmahl hören und euch in den Rollengruppen mit vier Fragen interviewen (Stichworte an der Flipchart: Beobachtung/Gefühl/Bedürfnis/Bitte). Jede aus der Rollengruppe kann antworten, niemand muss.

Die Rollenaufteilung per Loszettel und Freiwilligkeit der Antworten dienen dem Schutz und der Möglichkeit, sich von der Rolle distanzieren zu können. Zwei Konfis oder Teamerinnen übernehmen die Aufgabe, den Prozess und seine Dynamik zu beobachten, und setzen sich etwas abseits.

Einführung in die Rollen (5 Min.)

Nachdem die Konfis in ihren Rollengruppen am Tisch Platz genommen haben, führt die interviewende Leitung in die Rollen ein, indem sie sich nacheinander den Gruppen zuwendet. Da die Judasrolle mit Jesu Votum, es wäre besser, er wäre nie geboren, und mit der Frage, warum und wie er Jesus verrät, vor besonderen Herausforderungen steht, bieten wir in der Rolleneinführung einige Aspekte aus der exegetischen Diskussion an, die der Geschichte teilweise schon vorgreifen. Mit der Rolleneinführung tragen wir immer auch eigene Färbungen ein. Bei mehr Zeit können die Rollengruppen anhand ausgewählter Bibelstellen oder in Eigenrecherche auch »Steckbriefe« ihrer Figuren selbst erarbeiten.[28]

Judas
Du bist einer von den 12 Jüngern Jesu. Du bist/ihr seid Judas.
Du hast Jesus an die Hohepriester verraten. 30 Silberstücke sollen sie dir dafür gezahlt haben, dass du ihnen verrätst, wann und wo sie Jesus am besten ergreifen können. Ging es dir um das Geld?
Später wirst du es ihnen wieder vor die Füße werfen, als du begreifst, dass sie Jesus töten werden. Wolltest du, dass Jesus vor Gericht kommt und endlich alle seine Wahrheit erkennen und ihn auch unterstützen? Wolltest du Jesus in die Enge treiben und provozieren? Wenn sie ihn verhaften, muss er doch seine wirkliche Macht zeigen und alle sehen es? Was hast du eigentlich verraten? Jesus hat sich ja nicht versteckt. Wenn es so kommen sollte, dass Jesus sterben und auferstehen sollte, kann man dir dann eigentlich Schuld geben?
Viele Fragen. Aber jetzt bist du dabei. Mit allen anderen an einem Tisch.

Simon Petrus
Du bist einer von den 12 Jüngern Jesu. Du bist/ihr seid Simon Petrus. Du warst Fischer und hast damals alles stehen und liegen gelassen und bist Jesus gefolgt. Du warst oft besonders mutig. Mit Jesus traust du dir alles zu. Aber du hast auch schon erlebt, dass dich dein Mut verlassen hat. Jesus hat dir einen Spitznamen gegeben: »Petrus«, »Fels« – jemand, auf den man sich verlassen kann.
Jesus hat schon einmal davon gesprochen, dass er sterben wird. Du konntest nicht ertragen, das zu hören. Da wurde Jesus auch mal zornig gegen dich. So sitzt du nun mit allen anderen an einem Tisch.

Johannes
Du bist einer von den 12 Jüngern Jesu. Manche sagen, dass Jesus dich besonders mag, dass du sein Lieblingsjünger bist. Öfter hat er mit dir und deinem Bruder Jako-

---

28 Hilfreich zum jeweiligen Namen: https://www.bibelwissenschaft.de/wibilex/

bus und Petrus allein Dinge unternommen. Du hast ihn auch schon einmal gefragt, ob du mit deinem Bruder nicht später im Himmel besondere Plätze neben Jesus bekommen kannst. Das fanden die anderen Jünger gar nicht witzig und Jesus hat das auch abgewiesen: Wer der Erste sein will, wird der Letzte sein. So sitzt du nun mit allen anderen an einem Tisch.

Jesus *(zum leeren Stuhl sprechend)*
Jesus, dein Stuhl ist leer, aber wir können dir immer wieder eine Stimme leihen und aus unseren Rollen kurz herausspringen und uns auf diesen Stuhl setzen. Du hast so viel erlebt mit deinen Jüngern hier. Du weißt, dass ihr so jetzt das letzte Mal zusammensitzt. Eben noch seid ihr bejubelt in Jerusalem eingezogen, aber du weißt, was jetzt geschehen wird. Du willst deine Jünger darauf vorbereiten und darauf, wie ihre Gemeinschaft, ohne dass du wie bisher bei ihnen bist, weiterleben kann.

Textlesung Matthäus 26,20–35 (10 Min.)

Wir hören jetzt, was an diesem Abend geschah. Hört einfach zu aus eurer Rolle heraus.

Interviewrunden (25 Min.)

Die interviewende Person wendet sich jeweils mit einem (virtuellen) Mikrofon in der Hand den Rollengruppen nacheinander zu.

Niemand muss antworten. Wir leihen den Figuren der Geschichte unsere Gedanken, Gefühle und Stimmen. Dabei gibt es außer bei der ersten Runde kein Richtig oder Falsch.

Es braucht etwas Gespür, genug ermutigenden Raum zu lassen, den Prozess aber nicht hinzuziehen.

1. Was habt ihr beobachtet/was ist geschehen?
(zu *Judas/Johannes/Petrus/Jesus* (Möchte jemand Jesus eine Stimme verleihen und sich kurz auf den leeren Stuhl setzen?))

Hier geht es nicht um Fantasie, sondern darum, sich miteinander zu versichern, »was geschrieben steht«:

Stimmt das so? Kannst du das noch einmal lesen? Haben wir etwas vergessen?

2. Wie fühlt ihr euch jetzt, nachdem dies geschehen ist?

Die interviewende Person muss hier darauf achten, dass wirklich Gefühle und z. B. keine Bewertungen oder Anklagen benannt werden.

3. Was ist jetzt euer Bedürfnis für euch selbst, so wir ihr euch fühlt? Was braucht ihr jetzt? Wonach sehnt ihr euch?

4. Habt ihr eine Bitte an jemanden von den Anwesenden?

Auf jede Bitte hin – die keine Forderung sein soll – hat die angesprochene Rollengruppe Gelegenheit, kurz zu reagieren.

Herausführung aus den Rollen (5 Min.)

Zu den jeweiligen Rollengruppen gewandt:

Ihr seid nicht mehr Judas ..., sondern Konfis dieser Gruppe. ... Steht einmal auf und schüttelt eure Rolle ab. Wie ist es euch in dieser Rolle ergangen?

Reflexionsfragen (10 Min.)

An die Prozessbeobachter: Was ist euch aufgefallen?
An alle: Eigentlich sind alle gescheitert. Wieso hat die Gemeinschaft dennoch erfolgreich überlebt?
Was haben die Erfahrungen, die ich im Interview-Rollenspiel gemacht habe, mit den gelben Karten vom Anfang zu tun – unseren Erfahrungen, dass eine Gemeinschaft etwas Schwieriges überlebt?
Wozu feiern Christinnen und Christen bis heute Abendmahl?

Feedback zur Einheit (5 Min.)

5.9 Frieden | Biblische Friedenstexte | Bibelvers im Karton

Rahmenbedingungen

Zeit:	90 Minuten
Raum:	Tische und Stühle für jeden Konfi, ein Materialtisch an der Seite
Organisationsform:	Einzelstunde oder im Rahmen eines Konfi-Tages
Material:	- Bibelverse zu »Frieden«, einzeln groß kopiert (s. S. 94 f.)
	- Für jeden Konfi ein leerer Schuhkarton
	- Eine große Auswahl an Rohmaterialien (keine fertigen Stanzteile oder geblümten Bastelmaterialien), z. B. bunter Tonkarton, Pappe, Filz, Stoffreste, Steine, Korken, Styropor, Metallplatten, Holzstücke, Holzkugeln, Nägel, Federn, Wollvlies, Wollknäuel, Bänder, Spiegelscherben, Tonscherben, Ton oder Modelliermasse ...
	- Flüssigkleber, Klebeband, Scheren, Cutter
	- Liedblatt mit Friedensliedern: »Herr, gib uns deinen Frieden«, »Shalom chaverim«, »Gib uns Frieden jeden Tag«, »We shall overcome« ...

Gedanken zu Lebensthema, Bibeltext und Methodenwahl

Der Wunsch nach Frieden steht in Konfi-Gebeten oft an erster Stelle. Auch in einer Zeit ohne große Friedensbewegung und Wehrpflicht beginnt im Konfi-Alter ein gesellschaftspolitisches Bewusstsein, wobei das Entsetzen über Kriege in den Nachrichten häufig einen ersten Anstoß dazu bietet. Gegen Krieg und für Frieden zu sein, ist ein Konsens-Thema, das immer *politically correct* ist, unabhängig von sonstiger politischer Färbung (des Elternhauses). Dass »Kirche« eine Friedensbewegung ist, kann hier erfahren werden. Gleichzeitig erleben Konfis Unfrieden in ihrem Leben: »Frieden fängt beim Frühstück an.« (Hüsch 2007, S. 21) ist eine konkrete Erfahrung, Streit zu Hause, Cliquenkämpfe um Macht in der Schule, rassistische Auseinandersetzungen in der Stadt – in der Konfi-Welt gibt es Streit und Gewalt. Die Sehnsucht, dass die Welt heil und friedvoll sein soll, ist groß.

Die Bibel ist voll von Gewalttexten, denn sie spricht von menschlichen Erfahrungen. Der Wunsch nach Frieden war schon immer ein menschliches Grundbedürfnis. Anregungen, Frieden zu stiften, gibt es im AT und NT. Das christliche Menschenbild, das wir in der Konfi-Zeit unseren Jugendlichen nahebringen möchten, gründet sich auf biblische Worte vom Frieden. Die Idee ist hier, nicht einen zentralen Friedenstext zu nehmen, sondern die Vielfalt des Verständnisses von Frieden in der Bibel durch eine Auswahl von Friedenstexten zu verdeutlichen. Konfis sind in dem Alter, in dem sie beginnen, schöne Sprüche zu sammeln, per WhatsApp zu verschicken oder sich in ihr Zimmer zu hängen. Warum nicht einen Bibelspruch? Nicht selten haben wir erlebt, dass Bibelverse aus so einer Einheit später als Konfirmationsspruch gewählt werden, also offensichtlich eine Bedeutung für die Jugendlichen gewonnen haben. Eine künstlerisch-ästhetische Auseinandersetzung mit dem Friedensbegriff ist eine Möglichkeit, einen individuellen kreativen Prozess in Gang zu setzen, in dessen Verlauf sich Assoziationsketten zu einer eigenen Position formen können.

Ablauf der Einheit

Hinführung zum Thema »Frieden« (10 Min.)

Als Einstieg sammeln wir Stichworte zum Thema »Frieden«:

Was fällt euch zum Thema »Frieden« ein?

(Häufig gehen bei so einem eindeutig besetzten Thema die Assoziationen auch über das Gegenteil, auch das muss ausgesprochen werden dürfen.)

Einen Friedenstext der Bibel wählen (10 Min.)

Im AT und NT gibt es Texte, die von dem Wunsch nach Frieden sprechen. Eine Auswahl von Bibelversen wird ausgelegt und vorgelesen. Kurze Rückmeldungen, was dabei auffällt, oder eigene Gedanken dazu. Jede wählt einen Spruch aus, mit dem sie sich heute gern beschäftigen möchte.

Auswahl von biblischen Friedensversen

Lev 19,18	Du sollst deinen Nächsten lieben wie dich selbst.
Ps 11,5	Der Herr prüft den Gerechten, aber den Frevler hasst er und den, der Gewalttat liebt.
Ps 29,11	… der HERR wird sein Volk segnen mit Frieden.
Ps 37,37 (EUE)	… Zukunft hat der Mensch des Friedens.
Ps 46,10 (EUE)	Er setzt den Kriegen ein Ende bis an die Grenzen der Erde.
Ps 147,10 (EUE)	Er hat keine Freude an der Stärke des Rosses, er hat keinen Gefallen an der Kraft des Helden.
Jes 45,6–8	Ich bin der Herr, … der ich Frieden gebe … Die Erde tue sich auf und bringe Heil, und Gerechtigkeit wachse mit auf.
Mi 4,3–4 (EUE)	Dann werden sie ihre Schwerter zu Pflugscharen umschmieden. Sie erheben nicht mehr das Schwert, Nation gegen Nation.
Mt 5,9	Selig sind, die Frieden stiften; denn sie werden Gottes Kinder heißen.

Mt 5,43–44	Das Doppelgebot der Liebe: Ihr habt gehört, dass gesagt ist: »Du sollst deinen Nächsten lieben« (3. Mose 19,18) und deinen Feind hassen. Ich aber sage euch: Liebt eure Feinde und bittet für die, die euch verfolgen.
Mt 7,12	Alles nun, was ihr wollt, dass euch die Leute tun sollen, das tut ihr ihnen auch!
Mt 26,52	Stecke dein Schwert an seinen Ort! Denn wer das Schwert nimmt, der wird durchs Schwert umkommen.
Joh 8,7b	Wer unter euch ohne Sünde ist, werfe den ersten Stein auf sie.
Röm 1,7	Gnade sei mit euch und Friede von Gott, unserm Vater, und dem Herrn Jesus Christus!
Röm 12,21	… überwinde das Böse mit dem Gutem.

Gestaltung Bibelvers im Schuhkarton (30 Min.)

In einem leeren Schuhkarton wird der gewählte Bibelvers gestaltet. Die Grundidee ist, dass es keine Bastelei wird, in der etwas szenisch abgebildet oder illustriert wird, sondern abstrakt ein künstlerischer Ausdruck für das Thema entworfen wird, wie bei einem Bühnenbild (evtl. Bühnenbilder aus dem Theater zeigen.). Folgende Schritte können dazu verhelfen:

- Überlege dir zu dem Spruch ein Grundmotiv, das Hauptthema.
- Wähle dafür ein Material aus, das dazu passt.
- Entscheide dich für Farbe/n, die die Stimmung ausdrückt/en.
- Gibt es ein Symbol, das ausdrückt, was dir wichtig ist?

Jeder hat 30 Minuten Zeit, seinen Karton zu gestalten. Das Material ist frei wählbar. Am Ende räumt jeder seinen Arbeitsplatz auf (+ 5 Min.).

Dem Kunstwerk einen Titel geben

Jede gibt ihrem Werk einen eigenen Titel. Vielleicht ist das ein Gedanke, der im Gestaltungsprozess entstanden ist. Der Titel wird noch nicht genannt.

Ausstellung (25 Min.)

Die Kartons werden im Raum gut sichtbar aufgebaut. Die Gruppe geht nun von einem zum anderen Kunstwerk und betrachtet sie.
- Beschreiben, was ich sehe
- Mögliche Interpretationen sagen
- Die Künstlerin darf erzählen, welche Gedanken im Prozess gekommen sind, was sie aussagen möchte (hier erst den Titel nennen).

Reflexion (5 Min.)

Überlegt einmal für euch selbst und vervollständigt dann:
Frieden bedeutet für mich …

Feedback der Einheit (10 Min.)

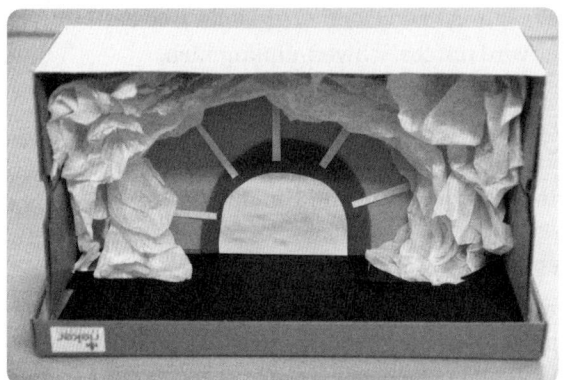

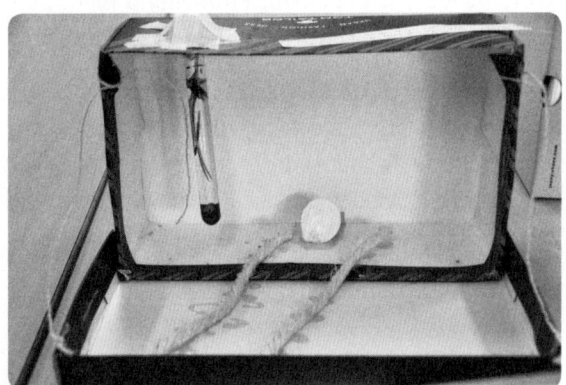

5.10 Geborgenheit | Psalm 139 | Bewegung und Tanz[29]

Rahmenbedingungen

	Zeit:	90 Minuten
	Raum:	Großer Raum mit Platz für viel Bewegung für alle, am besten eine Kirche mit freiem Altarraum
Organisationsform:		Empfohlen als frei wählbarer Workshop auf einem Konfi-Tag/Konfi-Wochenende, gern mit Konfis und Teamerinnen, geeignet für Konfis, die Lust haben, sich frei zu bewegen
	Material:	- Musikanlage, Musikstücke - Psalm 139 (in Ausschnitten) auf großem Papier kopiert

Gedanken zu Lebensthema, Bibeltext und Methodenwahl

Wenn Konfis, z. B. im Gebet, formulieren, was sie sich für ihr Leben wünschen, fällt häufig das Wort »Geborgenheit«. Dieser abstrakte Begriff spricht Jugendliche offensichtlich an. Er bezeichnet ein an sich unbeschreibliches Gefühl von Schutz und Nähe, von Wärme und Sich-Wohlfühlen und gilt in der Psychologie als ein zentrales Lebensgefühl. Die Sehnsucht nach Geborgenheit ist in der unbeständigen Zeit der Pubertät etwas zum Festhalten, gerade weil es so unkonkret ist. Ein Lebensgefühl, das mit Emotionen verbunden ist, die unerklärlich sind, verknüpft sich gut mit religiösen Erfahrungen und Bedürfnissen. Geborgenheit braucht ein Gegenüber. In einer Zeit, in der das oft nicht (mehr) die Eltern sind und Freundschaften noch sehr temporär und zerbrechlich sind, ist die Sehnsucht groß, »dass da irgendjemand ist, den ich nicht sehe, der aber bei mir ist und der mich versteht«.

In Psalm 139 finden wir mythische Bildwelten, die Geborgenheit ausdrücken, z. B. »Ich sitze oder stehe auf, so weißt du es; du verstehst meine Gedanken von ferne. Ich gehe oder liege, so bist du um mich und siehst alle meine Wege. Von allen Seiten umgibst du mich und hältst deine Hand über mir.« (Ps 139,2–3.5). Diese symbolhafte Sprache des Psalmbeters beschreibt in Worten, was Jugendliche oft nicht formulieren können, sie aber tief bewegt. Der Psalm drückt die bereits erfüllte Sehnsucht nach Geborgenheit aus mit einem Gottesbild, das Nähe, Verständnis und Trost vermittelt.

---

29 Zur Arbeit mit Bewegung und Tanzimprovisationen zu biblischen Texten siehe auch: Thiele-Petersen 2018.

Was uns innerlich bewegt und wir nicht in Worte fassen können, das können wir vielleicht in Körpersprache ausdrücken. Dementsprechend wählen wir hier die Methode der Körperarbeit, Bewegung und Tanzimprovisation (Bibliotanz). Gefühle werden mit Leib und Seele ausgedrückt. Tanz als Ausdrucksform ist nicht zuletzt durch Fernsehformate wie »Let's dance« und »Masters of dance« bei Jugendlichen wieder beliebt. Sich selbst so auszudrücken, ist für manche Konfis ein tolles Gefühl. Im Prozess des freien Sich-Bewegens kann sich dazu eine spirituelle Dimension ereignen.

Ablauf der Einheit

Warm-up (10 Min.)

Als Vorbereitung auf eine Einheit mit Bewegungs- und Tanzimprovisation ist es nötig, durch ein Warm-up den Körper zu lockern, Muskeln zu erwärmen und ungewohnte Bewegungen spielerisch einzuüben.
- Den eigenen Körper mit den Handflächen kreisend abreiben
- Alle Gelenke nacheinander einzeln bewegen (Finger, Hände, Ellenbogen, Schultern, Wirbelsäule, Becken, Knie, Fußgelenke, Kopf)
- Laufen und sich lockern zu Musik

Textbezogene Körperarbeit (10 Min.)

Hier nenne ich den Bibeltext noch nicht, die körperbezogenen Worte des Textes nehme ich aber schon als Inspiration für Körper- und Wahrnehmungsübungen (hier besonders den Fokus auf: einander ansehen, umeinander herumbewegen, führen).
- Gehen im Raum, ohne einander zu beachten
- Gehen und einander ansehen, sich ohne Worte begrüßen
- Umeinander herumgehen
- Alle gehen, wenn eine stehenbleibt, stehen alle, wenn einer sich bewegt, gehen alle

Kurze Rückmeldungen: Wie war es, ohne/mit Beachtung zu gehen?
Worte aus Psalm 139 in Bewegung bringen. Ich sage laut ein Wort und jede bewegt sich spontan intuitiv dazu, wie es ihr gerade einfällt: sitzen, aufstehen, gehen, fliegen, führen, leiten, halten, tragen.

Tanztraining (20 Min.)

An dieser Stelle bereite ich mit einem kleinen Tanztraining die eigene tänzerische Improvisation vor. Wer improvisieren und sich frei bewegen möchte, braucht dazu ein Vokabular, ein Handwerkszeug. Einige tänzerische Übungen, die das je individuelle Bewegungsrepertoire erweitern mögen – allein, mit einer Partnerin oder als Gruppe – zu instrumentaler Musik, bringen den Körper auf neue Ideen.

- *Solo-Improvisation:* Eine Hand bewegt sich zu Musik, die Hand führt, der Körper folgt, die Hand führt mich im Tanz durch den Raum (mit Handwechsel).
- *Partner-Improvisation:* Eine Hand von A führt eine Hand von B durch den Raum, hoch und runter, um sich selbst, zwischen die anderen, der Körper folgt jeweils der Richtung der Hand, sodass jede tanzt, von einem anderen geführt (mit Rollenwechsel A+B).

Kurzer Austausch zu zweit: Wie war das Führen und Geführt-Werden?

- *Gruppen-Improvisation »Tragen und getragen werden«:* Wir beginnen zu zweit, gegenüber, Handflächen aneinander, drücken, Gewicht abgeben, miteinander bewegen, dann Rücken an Rücken, wir bewegen uns, sodass jede einmal etwas Gewicht abgeben kann und die andere sie trägt, Partnerwechsel im Raum, neue Möglichkeiten finden, stabile Positionen zu finden, sodass jemand sich anlehnen kann, im freien Wechsel miteinander als Gruppe: Alle probieren verschiedene Möglichkeiten, »tragen« umzusetzen.

Hinführung zu Psalm 139 (15 Min.)
- Psalm 139 gemeinsam lesen (ich entscheide mich für einen Ausschnitt und wähle die Verse 1–10.13–18.23–24, die ich groß als Kopie im Raum aushänge). Wir lesen zweimal laut, versweise; wer möchte, liest.
- Jede wählt ein Wort im Text, das sie gerade anspricht (das schönste Wort; das, welches ich nicht verstehe; das unbegreiflichste; das, was ich gerade fühle …).
- Zu diesem Wort entwirft jede eine Geste, zunächst können verschiedene ausprobiert werden, dann entscheidet sich jede für eine. Auf Ansage werden diese Bewegungen variiert: die Bewegung ganz klein und dann ganz groß machen, mal schnell, mal langsam, zur anderen Seite, nach oben und unten, mit Kraft und Spannung, dann ganz leicht.
- Diese Variationen sind die Bewegungssprache für den folgenden freien Tanz: Jede tanzt ihr Wort.

Motive aus Psalm 139 tanzen (20 Min.)

- *Solo-Improvisation:* Jede wählt sich einen Vers/ein Bild im Psalm, der/das das eigene Gottesbild ausdrückt. Eine Ausgangshaltung finden und von da aus frei dieses Bild tanzen. In einer Schlusshaltung enden.
Jeder zeigt einmal die beiden Haltungen (ohne etwas zu erklären, keine Kommentare dazu).

- *Partner-Improvisation:* Die Erfahrung von Geborgenheit/Wahrgenommen-Werden/Geführt-Werden (was auch immer das jeweilige eigene Bild ist) wird als Partner-Impro getanzt. Dabei geht es nicht darum, dass einer Gott tanzt (ich lasse niemals Gott spielen), sondern dass die Erfahrung erlebbar wird. A möchte z. B. »Leite mich auf ewigem Wege« als Thema. B leitet A dann tänzerisch auf einem Weg.
Dann Rollenwechsel A+B, z. B. wählt B jetzt das Bild »Von allen Seiten umgibst du mich und hältst deine Hand über mich«, B ist nun Protagonistin und A tanzt ihr zu, indem sie sie von allen Seiten umtanzt und ihre Hand tanzen lässt für B. Dann folgt ein Austausch zu zweit.
- *Gruppen-Improvisation:* In der Raummitte soll ein bewegtes Bild von »Getragen-Werden« entstehen. Wer in die Mitte tanzt, bietet sich entweder zum Tragen an oder gibt selbst sein Gewicht ab. Es entstehen verschiedene Bilder, in denen in Kleingruppen viele Konfis einen tragen oder jeweils zwei Partner einander tragen. Dazu spiele ich »You carry me« von Patty Felker, das eine moderne Vertonung des Psalms 139 ist.

Reflexionen (10 Min.)

Austausch über Tanzerfahrungen
Gespräch über Gottesbilder:
- Welche Gottesbilder finden sich in Psalm 139?
- Welche davon kann ich glauben bzw. für mein Leben annehmen?
- Was habe ich über das Thema »Geborgenheit« erfahren?

Feedback der Stunde (5 Min.)

5.11 Gefühle | Psalmen | Körperausdruck

Rahmenbedingungen

Zeit:	90-Minuten-Einheit (80 Min. netto + Zeit für Anfangsritual, Spiel)
Raum:	Großer Raum mit Platz für Stuhlkreis und Bewegung
Organisationsform:	Einzelstunde oder auf einem Konfi-Tag
Material:	- Moderationskarten (4 pro Konfi + 4 weitere), Filzstifte - Psalmenverse einzeln groß kopiert (Liste s. S. 106) - Musik: Liedblatt zu Sefora Nelson »Lege deine Sorgen nieder« (CD, Noten und Download unter www.seforanelson.com) - ggf. selbst mit Gitarre begleiten und gemeinsam mit Konfis singen - Steine und Teelichter für jeden, eine große Kerze und ein Kreuz

Gedanken zu Lebensthema, Bibeltext und Methodenwahl

Himmelhoch jauchzend, zu Tode betrübt – Konfis sind in dem Alter, in dem sie von Gefühlen überwältigt werden und sich geradezu hineinsteigern können in ihre Wut, ihre Angst, ihr Glück oder ihre Traurigkeit. Gefühle suchen ihren Ausdruck, nicht immer in gut gelenkten Bahnen. Manchmal wird Wut zerstörerisch oder Traurigkeit selbstverletzend. Das Bedürfnis, »jemanden zu haben, mit dem ich über alles reden kann«, ist nicht nur bei den Mädchen groß, auch wenn diese es oft leichter haben, mit ihrer besten Freundin über Gefühle zu reden. Auch wenn da im persönlichen Umfeld niemand ist zum Reden, möchten wir erfahren lassen, dass Gott da ist, dem wir alles sagen können. Dafür braucht es noch nicht einmal Worte. Beten ist nicht nur das, was in festgelegten Formen in der Kirche passiert, Beten ist, wenn ich meine Gefühle vor Gott bringe.

Psalmen sind Gebete. In den Psalmen drücken Menschen ihre Gefühle aus und bringen sie schreiend, weinend, klagend, tanzend und spielend vor Gott, mit Leib und Seele. Ausgewählte Psalmenverse zeigen Gefühle, die so ausgedrückt werden. Deshalb ist es naheliegend, als Methode Körperausdruck und Gebärden zu wählen, denn was in uns ist, braucht einen Ausdruck, aber nicht unbedingt in Sprache. Vor Gott brauchen wir keine wohlgeschliffenen Worte.

Die Gattung »Psalmen« legt nahe, selbst Gebetsformen zu finden, die Konfis ermutigen, ihre Gefühle vor Gott zu bringen. Rituale und Musik verhelfen zur passenden Stimmung, die Offenheit ermöglicht.

Ablauf der Einheit

Warm-up (10 Min.)

Alle gehen, ohne zu sprechen, durch den Raum, jede auf dem eigenen Weg. Die Leitung nennt Begriffe, die die Konfis spontan in Bewegung, in Körperausdruck umsetzen sollen. Es soll nicht eine Situation dargestellt werden, sondern das Gefühl wird ausgedrückt: Wie geht jemand, der gehetzt ist – gelangweilt – wütend – ängstlich – verliebt – eingebildet – traurig – glücklich – selbstbewusst?

Nach der Bewegungsübung kurz Zeit für Rückmeldungen ermöglichen.

Statuenbau: Gefühle durch Körperhaltung ausdrücken (10 Min.)

Zu zweit zusammentun mit der Aufgabe, eine Statue zu bauen. Jedes Paar stellt zwei Grundgefühle (wütend, traurig, ängstlich oder glücklich) nach eigener Wahl dar. Konfi A wählt ein Gefühl und gestaltet Konfi B als Statue zu diesem Gefühl. Dann Wechsel. Wenn alle fertig sind, wird nacheinander jedes Gefühl genannt und alle Konfis, die dazu eine Statue haben, stellen sie gemeinsam vor. Es wird deutlich, dass Gefühle individuell sind und unterschiedlich ausgedrückt werden können.

Gefühle | Psalmen | Körperausdruck

Einzelarbeit: Stichworte zu Gefühlen aufschreiben (10 Min.)

Wie verhalte ich mich, wenn ich traurig bin – wütend bin – glücklich bin – Angst habe? Was mache ich dann? Mit mir, mit anderen?

Jeder schreibt für jedes Gefühl auf ein einzelnes Kärtchen ein Stichwort auf.

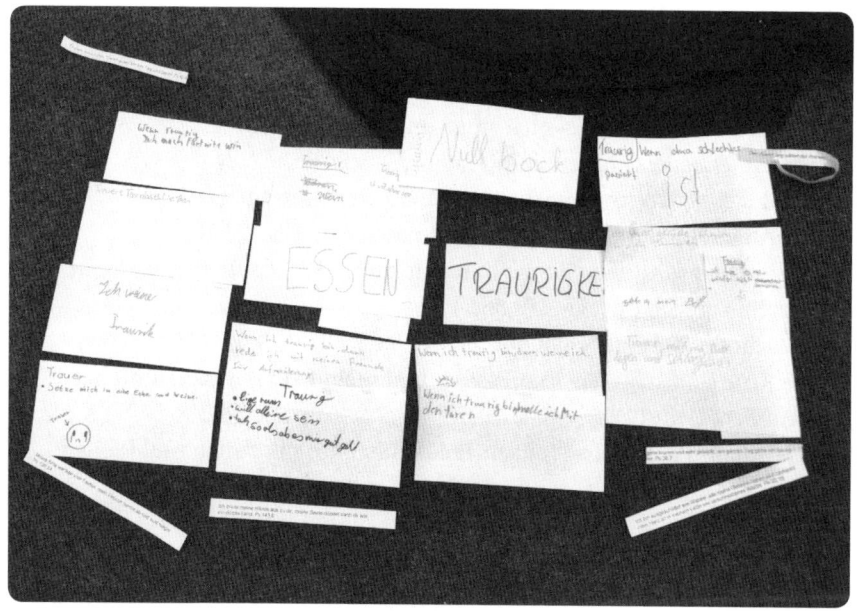

Gruppenarbeit: Austausch über Verhalten bei Gefühlen (10 Min.)
- Passend zu den vier Karten mit den Worten »wütend«, »traurig«, »ängstlich«, »glücklich« werden die Karten der Konfis auf dem Boden ausgelegt und vorgelesen.
- Kurzer Austausch in der Gesamtgruppe, was auffällt.

Vergleich eigener Verhaltensweisen mit Psalmworten (10 Min.)
Psalmverse liegen als Papierstreifen aus. Jeder Konfi bekommt mindestens einen und liest ihn vor. In der Gruppe wird der Psalmvers verglichen mit den eigenen Aussagen, die in ähnlichen Situationen entstanden sind. Die Psalmworte werden den Gefühlen zugeordnet.

Auswahl an Psalmworten:
Ich rufe zu dir, denn du, Gott, wirst mich erhören. (Ps 17,6)
Ich freue mich und bin fröhlich über deine Güte. (Ps 31,8)
Meine Tränen sind meine Speise Tag und Nacht ... (Ps 42,4)
Schlagt froh in die Hände, alle Völker, und jauchzet Gott mit fröhlichem Schall! (Ps 47,2)
... erhöre mich, wie ich so ruhelos klage und heule ... (Ps 55,3)
Mein Herz ängstet sich in meinem Leibe ... (Ps 55,5)
Furcht und Zittern ist über mich gekommen ... (Ps 55,6)
O hätte ich Flügel wie Tauben, dass ich wegflöge und Ruhe fände! (Ps 55,7)
... mein Herz ist bereit, dass ich singe und lobe. (Ps 57,8)
... ich will erzählen, was er an mir getan hat. (Ps 66,16)
Ich bin betrübt; ich sinne nach – und mein Geist verzagt. (Ps 77,4)
Meine Augen hälst du, dass sie wachen müssen ... (Ps 77,5a)
Ich bin voll Unruhe, dass ich nicht reden kann. (Ps 77,5b)
In der Not rufe ich dich an. (Ps 86,7)
... ich schreie Tag und Nacht vor dir. (Ps 88,2)
Meine Knie sind schwach vom Fasten, und mein Leib ist mager und hat kein Fett. (Ps 109,24)
Lobet ihn mit Pauken und Reigen(tanz), lobet ihn mit Saiten und Pfeifen! (Ps 150,4)

(Klein-)Gruppengespräch und Erarbeitung von Gebärden (10 Min.)
- Eigenes Verhalten mit Gebet in Verbindung bringen: Inwiefern ist das, was ich mache, Gebet?
- In Kleingruppen jeweils einen Abschnitt aus einem Psalm (z. B. Ps 30) auswählen und Haltungen/Gebärden dazu entwickeln.

Gefühle | Psalmen | Körperausdruck

Psalm im Gebärdengebet (5 Min.)

Den Psalm beten (Pfarrerin spricht die Worte), alle Konfis bewegen sich im gemeinsamen Gebärdengebet dazu. Die Kleingruppe, die sich die Gebärden ausgedacht hat, macht jeweils deutlich vor und alle übernehmen gleichzeitig die Bewegungen.

Gebetsritual (15 Min.)

Ein Ritual zum Abschluss kann die Konfis dazu ermutigen, ihre Gefühle vor Gott zu bringen: Ich darf meine Sorgen niederlegen und einen Dank oder ein Lob ausdrücken.
- In der Mitte steht eine große Kerze, evtl. ein Kreuz, je ein Korb mit Steinen und Teelichtern dazu.
- Nach einem Eingangsgebet werden die Konfis eingeladen, reihum einen Stein zu nehmen, ihre Sorgen symbolisch hineinzulegen und ihn vor Gott abzulegen. Wer möchte, kann seine Sorge benennen (»Ich denke an …«, »Ich sorge mich um …«, »Ich bin traurig über …«).
- Dazu Lied: »Lege deine Sorgen nieder« von Sefora Nelson (einspielen oder gemeinsam singen).
- Dann nimmt jede ein Teelicht, zündet es an der Kerze an, legt es in die Mitte mit einem Dank, einem Lob an Gott verbunden. Wer möchte, sagt etwas dazu.

Abschluss-Segen

Einen Segen sprechen, gerne in einem gemeinsamen Segenskreis.

5.12 Gemeinschaft | Christliche Gemeinde | Kooperationsübungen

Rahmenbedingungen

Zeit:	90 Minuten
Raum:	Am besten bei gutem Wetter draußen auf dem Rasen; mit einer anderen Kooperationsübung auch drinnen möglich
Organisationsform:	Gut geeignet für einen längeren Konfi-Tag in einer Reihe von Gemeinschaftsaktionen, aber auch als Einzelstunde denkbar. Inhaltlich-theologisch gut nach Taufe und Abendmahl platzierbar. Diese Einheit ist erst geeignet, wenn die Gruppe sich schon etwas besser kennt.
Material:	– Bibel (Apg 2,42–47) – Holzstäbe ca. 1,10–1,20 m (Baumarkt), pro Konfi ein Stab – Brot und Traubensaft für Abendmahl/Agapemahl

Gedanken zu Lebensthema, Bibeltext und Methodenwahl

»Gemeinschaft« ist unserer Erfahrung nach eins der »Lieblingsthemen« von Konfis. Wenn sie ein Thema für eine Stunde auswählen oder eine Andacht auf der Konfi-Fahrt selbst gestalten, haben diese oft »Gemeinschaft« als Motto. Das ist ihr Ausdruck von: »Ich möchte dazugehören«, Teil einer Gruppe zu sein, ist lebenswichtig. Von Gemeinschaftserfahrungen lebt die Konfi-Gruppe. Hier können, anders als oftmals in der Schule, wertschätzender Umgang miteinander, Akzeptanz von Andersdenkenden und Vertrauen geübt werden.

Ein wunderbares Zeugnis einer funktionierenden Gemeinschaft ist die erste Gemeinde, die sich im Anschluss an die Petrusrede nach dem Pfingstwunder gebildet hat. Die Werte: Gemeinschaft, Teilen, Füreinander-Sorgen, Brotbrechen und Gebet werden als zentrale Merkmale der urchristlichen Gemeinde beschrieben. In der Konfi-Gruppe möchten wir einen Teil davon nacherleben.

Erlebnispädagogische Kooperationsübungen eignen sich nicht nur besonders gut, um die Konfi-Gruppe miteinander in Kontakt zu bringen, ein Gemeinschaftsgefühl zu erzeugen und Vertrauen und Kommunikation einzuüben, sondern auch, um biblische Inhalte erfahrbar zu machen.[30]

---

30 Viele erlebnispädagogische Übungen zu biblischen Themen finden sich in: Schwaderer/Wiedmayer/Wöhrbach (2018). Der Band enthält 45-Minuten-Einheiten, die in einstündigen Konfi-Stunden umsetzbar sind. Auch: Altmannsperger (2018).

Gemeinschaft | Christliche Gemeinde | Kooperationsübungen 109

Ablauf der Einheit

Einführung des Bibeltextes Apostelgeschichte 2,42–47 (10 Min.)
- Kontext der Pfingstgeschichte erzählen, wenn noch nicht bekannt.
- Textlesung, Verständnisfragen

Gemeinschaft, Brotbrechen und Gebet. Das ist das, was eine christliche Gemeinde ausmacht. Das wollen wir heute miteinander erleben.

- Alle gehen raus in den Garten, wenn möglich.

Gemeinschaft: Kooperationsübungen (30 Min.)
Zunächst gibt es zwei einfache Kooperationsübungen, in denen deutlich wird, dass alle gleichzeitig gebraucht werden und man auf niemanden im Kreis verzichten kann:
- Im Kreis stehen, Lesung Bibeltext (Apg 2,42–45)
- Alle fassen sich an den Händen und gehen weit auseinander. A+B abzählen, alle A lehnen sich vor, alle B zurück. Dann wird gewechselt.
- Einen engen Kreis bilden, alle drehen sich in dieselbe Richtung.
 Alle setzen sich hin, auf die Knie/Beine der Hinterfrau, sodass alle gleichzeitig sitzen und jemanden tragen.

- Eine erste Austauschrunde: Was haben wir erlebt?
- Am Boden werden zwei Markierungen in 5 Meter Abstand gemacht. Die Aufgabe ist, dass alle (die es probieren möchten) über diese Distanz gelangen müssen, ohne den Boden zu berühren. Jeder Konfi bekommt einen Holz-

stab in die Hand. Nun beraten sie sich gemeinsam, welche Möglichkeiten es gibt, eine andere (ohne Stab) zu unterstützen, damit sie hinüberkommt. Jedes Mal kann eine neue Idee probiert werden.

– Austausch: Was hat geholfen, damit wir zum Erfolg gekommen sind? Was war hinderlich?

Brotbrechen: Apostelgeschichte 2,46 – Abendmahl oder Agapemahl (10 Min.)

Nach dieser Erfahrung von »Gemeinschaft« bietet es sich an, auch Brot und Saft zu teilen, wie es in der Apostelgeschichte beschrieben ist.

Wenn Abendmahl schon eingeführt wurde, kann dies jetzt in der Gruppe gefeiert werden, sonst hier als Agapemahl mit dem Gemeinschaftsaspekt im Vordergrund. Dazu Textlesung (Apg 2,46).

Gebet: Apostelgeschichte 2,47a (5 Min.)

Gemeinsames Abschlussgebet (inkl. Textlesung Apg 2,47a), gern mit bereits eingeführtem Gebetsritual (siehe z. B. Kap 5.10).

Reflexion (5 Min.)

Überlegt einmal für euch selbst und vervollständigt dann:

- Gemeinschaft ist für mich …
- Eine christliche Gemeinde sollte …
- Wo erleben wir Gemeinschaft in unserer Gemeinde?

5.13 Identität | Taufe (Jesu) | Freies Malen

Rahmenbedingungen

Zeit:	45 Minuten
Raum:	Möglichst für jeden einen Tisch oder Platz an einem Tisch als Malplatz
Organisationsform:	Die Einheit kann gut im Zusammenhang der Vorbereitung eines Taufgottesdienstes ungetaufter Konfis durchgeführt werden.
Material:	- Bibeltext (Mk 1,9–11) - Farbölkreiden (z. B. Jaxon) - DIN-A3-Blätter

Gedanken zu Lebensthema, Bibeltext und Methodenwahl

Staunend, fasziniert, irritiert, entsetzt, begeistert nehmen Jugendliche mehr oder weniger bewusst wahr, wie sie sich verwandeln und als Menschen – auch mit einer bewussteren Geschlechtsidentität – »neu auftauchen«. Die Pubertät ist eine zweite Chance, in der noch einmal alle identitätsstiftenden Kindheitsbeziehungen und -erfahrungen aufbrechen und neu sortiert werden. Das geschieht eng verwoben in der Selbstwahrnehmung und im Blick darauf, wie andere mich wahrnehmen. So erzählt ein Konfi von der Erfahrung, als er das erste Mal »ein richtiges Gespräch« mit seinem großen Bruder hat. Wir spüren, wer wir sind, in Verwandlungsprozessen, besonders in Erfahrungen, dass jemand mit uns ist. Wir sind lebenslang auf der Suche nach solchen identitätsstiftenden Verwandlungsbeziehungen. Konfis suchen sie nun weniger in den Eltern, sondern in der Peergroup, in erster Verliebtheit und in »bedeutungsvollen anderen« – auch im Konfi-Team.

Die zentrale biblische Geschichte identitätsstiftender Verwandlungserfahrung ist die Geschichte der Taufe Jesu und das daraus erwachsene Taufritual der ersten Christen – eng verbunden mit der Zusage des Mit-Seins: »Und siehe, ich bin bei euch alle Tage bis an der Welt Ende.« (Mt 28,20)

Für Jesus war – auf jeden Fall in der markinischen Version – seine Taufe, das Untergehen und Auftauchen aus dem Wasser, der sich öffnende Himmel und der Satz Gottes »Du bist mein lieber Sohn, an dir habe ich Wohlgefallen« die identitätsstiftende Initialzündung für alles Weitere. Dieser mit der Taufe verbundene Satz Gottes ist auch den Konfis zugesprochen und sagt letztendlich aus, wer sie aus der Perspektive Gottes sind. Schon für Luther war klar, dass es nicht vordergründig darum geht, diesen Satz intellektuell zu verstehen, sondern dass es um einen basalen Glauben geht, den auch schon kleine Kinder haben[31], der mit dem Satz »Du bist mein lieber Sohn (meine liebe Tochter), an dir habe ich Wohlgefallen!« verbunden ist.

Methodisch wählen wir mit Freiem Malen einen Zugang, der Raum gibt, die Stimmung des eigenen Selbstgefühls auszudrücken und die Stimmung der Geschichte der Taufe Jesu mit dem eigenen »Selbst-Bild« in Beziehung zu setzen und in dieses hineinzumalen. Unserer Erfahrung nach erschließt sich Konfis auf diese Weise basaler etwas davon, selbst geliebtes Kind Gottes zu sein, als wenn wir ihnen diesen Satz einfach zusprechen. Die individuellen Bildbesprechungen lassen darüber hinaus Raum für Vertiefung.

Ablauf der Einheit

Hinführung zu Freiem Malen zu Gefühlen (5 Min.)

In dieser Hinführung geht es darum, dass Konfis ein Gespür dafür bekommen, subjektive Eindrücke spontan in Farben und Formen auszudrücken. Es soll nichts Gegenständliches entstehen, sondern kurz hintereinander sollen spontan Farben auf dem Papier tanzen:

Wir werden uns heute malend mit dem Thema »Wer bin ich?« und der Taufe beschäftigen. Zunächst geht es darum, uns etwas »warmzumalen«, indem ich euch Gefühle nenne und ihr spontan eine Farbe greift und eine Form mit der Farbe auf das Blatt malt: Angst, Freude (neues Blatt), Wut (neues Blatt), Liebe (neues Blatt).

Freies Malen »Ich«: Wer ich bin (5 Min.)

Jetzt geht es um ein freies Bild zum Thema »Ich«: Wer ich bin. Nehmt euch die Farben, die für euch stehen. Malt – nicht gegenständlich – wie eben zu den Gefühlen in Formen und Farben, was ausdrückt, wer ihr seid. Verstärkt eine Form, eine Farbe, eine Stimmung, die besonders für euch steht.

---

31 »Dann sagen wir also und schließen, dass die Kinder in der Taufe selbst Glauben und Eigenglauben haben. […] Das Kind muss doch selbst glauben, oder die Paten müssten lügen, wenn sie sagen an seiner Statt: Ich glaube. Item der Täufer rühmt, es sei neu geborn, die Sünden vergeben, vom Teufel los und zeucht ihm das zum Zeichen ein weißes Hemd an und handelt allerdings mit ihm als mit einem heiligen Gotteskind, welches müsste alles falsch sein, wo nicht Eigenglaube da wäre.« (WA 17 II, 78 ff). Vgl. Seiler (1996).

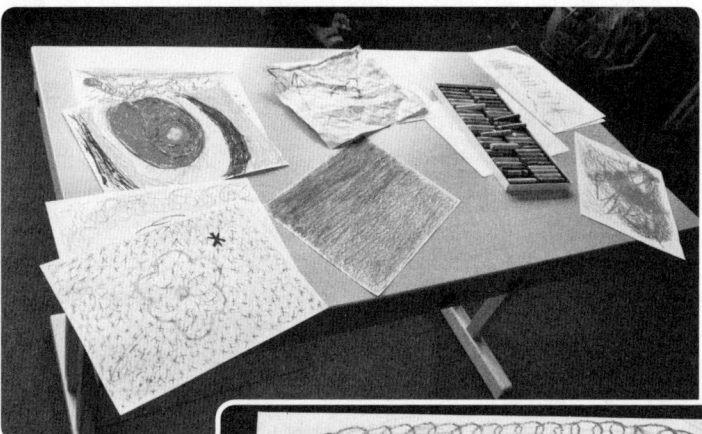

Identität | Taufe (Jesu) | Freies Malen

Die Taufe Jesu (10 Min.)

Ihr habt nun euer Bild vor euch und hört die Geschichte von der Taufe Jesu. Ich lese den Text zweimal. Hört einmal nur zu und spürt der Stimmung nach. *(Erste Textlesung)* Wenn wir Menschen taufen, dann gehen wir davon aus, dass Gott diesen Satz auch zu ihnen sagt: »Du bist mein lieber Sohn, – du bist meine liebe Tochter, – an dir habe ich Wohlgefallen.« Hört den Text noch einmal. Jetzt seid ihr eingeladen, wieder mit Farben eurer Wahl in euer »Ich-Bild« hineinzumalen, was euch von der Stimmung her wichtig ist aus der Taufgeschichte: »Und es begab sich zu der Zeit, dass Jesus aus Nazareth in Galiläa kam und ließ sich taufen von Johannes im Jordan. Und alsbald, als er aus dem Wasser stieg, sah er, dass sich der Himmel auftat und der Geist wie eine Taube herabkam auf ihn. Und da geschah eine Stimme vom Himmel: Du bist mein lieber Sohn, an dir habe ich Wohlgefallen.« (Mk 1,9–11)
Die Taufgeschichte kann etwas in eurem »Ich-Bild« – wer ihr seid – verstärken, ergänzen, verwandeln, verdecken. Es kann im Kontrast zum »Ich-Bild« stehen.
Gebt eurem Bild einen Titel, schreibt ihn auf eine Karte, die ihr, ohne zu verdecken, unter das Bild klebt.

Ausstellung (15 Min.)

Die Gruppe nimmt nacheinander die Bilder der Einzelnen wahr und äußert ihre Assoziationen dazu. Die Künstler reagieren jeweils noch einmal am Ende.

Reflexionen (10 Min.)

Überlegt einmal für euch selbst und sagt dann, was ihr mögt, zu folgenden Fragen:
- Was habe ich über mich entdeckt?
- Was habe ich über die Taufe entdeckt?
- Welche Fragen bleiben oder sind neu entstanden?

Feedback zur Einheit (5 Min.)

5.14 Körper | Paulinische Körperbilder | Körperwahrnehmung

Rahmenbedingungen

Zeit:	60 Minuten
Raum:	Raum mit Platz für Bewegung; in der Mitte ein Tuch mit einer großen Kerze
Organisationsform:	Einzelstunde. Diese Einheit eignet sich nicht zu Beginn der Konfi-Zeit, da sie etwas Vertrauen und bereits Erfahrungen in körperorientiertem Arbeiten wie Warm-Ups, Bewegung und Standbildern braucht.
Material:	- Bibel (1. Kor 12; 1. Kor 6,19) - Tuch, Kerze, Kreuz, Steine, Teelichter - Evtl. Musik zur Bewegung, evtl. Lieder für zwischendrin

Gedanken zu Lebensthema, Bibeltext und Methodenwahl

Mit ihrem eigenen Körper haben Konfis so ihre Schwierigkeiten. Er wächst unregelmäßig, wird weiblich oder männlich oder eben noch nicht, und er zeigt neue Regungen wie Lust. Alles, was mit dem Körper zu tun hat, wird als peinlich empfunden. Scham ist ein häufiges Gefühl und das zeigt sich auch in »typischen« Körperhaltungen: Da werden Schultern zusammengezogen, Hände ineinander vor dem Körper verschränkt, Beine aneinander gepresst, Füße stehen nicht fest auf dem Boden, sondern wackeln im unsicheren Stand hin und her. Oder man nimmt sich betont viel Raum, mit linkischen Bewegungen werden besonders coole, aber völlig unauthentische Posen eingenommen. Die Unsicherheit bricht ihnen aus allen Poren.

Paulus hat mehrfach das Bild des Körpers als Symbol für christliche Gemeinde benutzt. Er beschreibt den Körper als Tempel des Heiligen Geistes, mit dem wir Gott loben (1. Kor 6,19), und verdeutlicht am Bild des Körpers mit seinen einzelnen Gliedern den Zusammenhalt der christlichen Gemeinschaft (1. Kor 12).

Den eigenen Körper in seinen Teilen und als Ganzes wahrzunehmen, neue Körpererfahrungen zu machen, ein Gefühl für Körpersprache zu bekommen, Kontakt und Zusammenhalt durch Körperbilder darzustellen, diese Elemente setzen wir als Methode ein. So entstand die Idee, diese Konfi-Einheit als bewegten Gottesdienst zu feiern, der den Körper sowohl zum Thema als auch als Ausdrucksmittel hat.

Ablauf der Einheit

Hinführung zum Thema und zu dieser Einheit als Gottesdienst (5 Min.)

»Wisst ihr denn nicht, dass euer Körper ein Tempel des Heiligen Geistes ist, der in euch wohnt und den ihr von Gott erhalten habt? Darum lobt Gott mit eurem Körper.« Der Apostel Paulus hat dies einmal in einem Brief an die Gemeinde in Korinth geschrieben. Wie geht das, Gott mit seinem Körper loben? Es fängt vielleicht damit an, dass ich spüre: Ich habe einen Körper, wunderbar und einzigartig von Gott geschaffen. Das soll heute unser Thema sein und wir werden diese Stunde als einen kleinen Gottesdienst feiern, indem wir unseren Körper zum Predigen und Beten benutzen.

Kyrie-Gebet (10 Min.)
- Die Jugendlichen formulieren Kyrie-Sätze.
- Jeder kann einen Stein in der Mitte am Kreuz ablegen als Symbol für eine Sorge.

Lesung 1. Korinther 12,12–27 (5 Min.)
Reihum lesen, wer mag

Übung Körperwahrnehmung im Stehen/Gehen im Kreis (10 Min.)
Gott hat uns nicht nur eine Seele, sondern auch einen Körper gegeben. Nehmt einmal euren Körper mit den einzelnen Teilen wahr. Nehmt eure Hände wahr: Was haben diese Hände heute alles schon gemacht, vielleicht etwas festgehalten, getragen, geschrieben, gearbeitet …? Probiert nun, was damit alles möglich ist, zu tun: leicht bewegen, kraftvoll zupacken, klatschen, reiben, drehen … Nun nehmt eure beiden Füße wahr: Wie stehen sie auf dem Boden, wie tragen sie mein ganzes Gewicht? Verlagert das Gewicht und bringt eure Füße in Bewegung, probiert aus, was mit Füßen alles möglich ist – kleine und große Schritte, schlurfende oder hüpfende. Bewegt euch mit den Füßen im Raum, überlegt, welche Schritte eure Füße heute schon gegangen sind und wie diese Schritte waren: schwer oder leicht, eilig oder gelangweilt … Und kommt nun wieder im Kreis zusammen.

Unser Körper ist ein Geschenk Gottes. Sein Heiliger Geist wohnt in uns.

Jede und jeder von uns, jeder Körper – ob groß oder klein, dick oder dünn, sportlich oder untrainiert –, wir alle sind der Ort, an dem Gott wohnt.

Darum lobt Gott mit eurem Körper. Unseren Glauben an Gott können wir mit unserem Körper ausdrücken, sagt Paulus, egal wie unser Körper aussieht. Denn euer Körper ist ein Tempel des Heiligen Geistes …

Übung Körperverbindungen (10 Min.)

Im Korintherbrief steht sinngemäß: »Denn auch der Leib ist nicht ein Glied, sondern viele.« (1. Kor 12,14) Nun nehmt die Verbindung der einzelnen Körperteile wahr.
Der Fuß kann nicht sagen: Ich bin keine Hand, darum gehöre ich nicht zum Leib. Und das Ohr kann nicht sagen: Ich bin kein Auge, darum gehöre ich nicht zum Leib! Der Fuß kann zu der Hand nicht sagen: Ich brauche dich nicht, denn sie gehören zusammen. Gott hat uns einen Körper gegeben mit vielen wunderbaren Teilen daran.
Probiert nun einmal, wie diese Teile zusammengehören, nehmt die Verbindung wahr von einer Hand zum Rest des Körpers: Bewegt eine Hand und lasst den Körper folgen. ... Andere Hand, Wirbelsäule, Füße ...
Nehmt wahr, wie alles zusammenhängt ... (evtl. Musik dazu spielen)

Übung Verbindungen schaffen (10 Min.)

So wie es in unseren Körpern aussieht, so ist es auch mit der Gemeinschaft. Alle gehören zusammen, alle sind wichtig, keiner ist unwichtiger als der andere. Gott hat den Körper zusammengefügt, ... damit im Leib keine Spaltung sei, sondern die einzelnen Glieder füreinander sorgen. Und wenn ein Glied leidet, so leiden alle Glieder mit, und wenn ein Glied geehrt wird, so freuen sich alle Glieder mit (sinngemäß nach 1. Kor 12,24–26).
Probiert das einmal aus, schafft eine Verbindung von einem Körper zum anderen, jeder versucht, etwas von einem anderen zu berühren. Da fasst eine Hand an eine Schulter, zwei Hände berühren sich, vielleicht zwei Rücken, die einander stützen. Lasst eine Bewegung durch alle hindurchfließen, wenn einer sich bewegt, bewegt die andere sich mit, wie ein Mobile, hier eine Berührung, ein Anstoß, ein Zusammenbewegen ...

Abschluss mit Fürbitte, Vaterunser, Segen (10 Min.)

Fürbitt-Gebet:
Teelichter anzünden und mit dem Gedanken an jemanden, für den ich beten möchte, in der Mitte ablegen.

Vaterunser:

Wir sprechen gemeinsam das Vaterunser. Dazu machen wir Gesten, die die einzelnen Bitten ausdrücken. Jeder für sich, was jedem gerade dazu einfällt, oder ihr guckt, was ich mache, und übernehmt das.

Segenskreis:
Einander mit der rechten Hand auf die linke Schulter fassen, die linke Hand öffnet sich in die Mitte. Segen sprechen.

5.15 Krankheit | Blindenheilung | Bibelgeschichte nacherleben

Rahmenbedingungen

Zeit:	90 Minuten
Raum:	Großer Raum, idealerweise in der Nähe von Küche und Handwaschbecken, je nach Konfizahl 4er-Tische mit Stühlen, zusätzlich ein Stuhlkreis (oder nach dem Stuhlkreis genug Menschen, die die Stühle an die Tische stellen) oder ein Sitzkreis am Boden auf Sitzkissen.
Organisationsform:	Eine wöchentliche / 14-tägliche Einheit oder auf einem Konfi-Tag; die Mitarbeit von 1-2 Teamerinnen ist hilfreich.
Material:	- Je 4 Konfis pro Tisch, 4 Stühle, 1 große Schüssel, 2 große Löffel, 4 kleine Schneidebretter, 4 Obstmesser, 1 Apfel, 1 Banane, 1 Orange, 1 Kiwi, Weintrauben, 1 Dose Zucker/Ahornsirup, 4 kleine Schüsseln, 4 Teelöffel, 4 Servietten, 1 Lappen - Pro Konfi eine Augenbinde/Tuch - Bibel (Lk 18,35-43) - Kerze, evtl. meditative Musik

Gedanken zu Lebensthema, Bibeltext und Methodenwahl

Eine Krankheitserfahrung im Konfi-Alter ist häufig ein grippaler Infekt, eine Magenverstimmung oder Sportverletzung, wegen der man eine Weile nicht in die Schule gehen kann. Großelterliche Wünsche nach »Gesundheit« auf Geburtstagskarten werden oft als langweilig und am Leben vorbei empfunden, denn es ist nicht das Erste, an das ein Konfi denkt, wenn er sich etwas für sein Leben wünschen darf. Wie viel Gesundheit wert ist, erfährt man erst, wenn man selbst oder ein nahestehender Mensch ernsthaft krank ist. Manchmal ist eine Konfi-Familie aktuell betroffen von einer Krebserkrankung, Alkoholismus oder Depression. Das muss ich als Unterrichtende mit bedenken, wenn »Krankheit« das Thema ist. Krankheit kann sowohl als sporadische Auszeit als auch als krisenhafte Lebenssituation oder als besonderes Schicksal empfunden werden und mit existenziellen Ängsten verbunden sein.

Krankenheilungen gehören zur Verkündigung Jesu dazu, deshalb sind auch Heilungsgeschichten für uns Bestandteil eines Konfi-Curriculums. Die Herausforderung an Heilungsgeschichten als Teil unserer heutigen Verkündigung ist die Resonanz bei denjenigen, die von einer unheilbaren Krankheit betroffen sind.

Eine mögliche Anfechtung könnte sein: Nicht alle, die krank sind, werden geheilt, und es ist leider nicht so, dass jeder, der glaubt, gesund wird. Der

Ansatz, Krankheit/Blindheit symbolisch zu sehen (Was will ich in meinem Leben nicht sehen, wo ist mein blinder Fleck?) und deshalb biblische Heilungsgeschichten symbolisch zu deuten (Jesus öffnet mir die Augen, lässt mich die Realität sehen), liegt nahe, birgt aber eine Gefahr: Es gibt reale Krankheiten, von denen Konfis oder ihre Familienangehörigen betroffen sind, die unheilbar sind. Die Theodizeefrage steht hier deutlich im Raum und kommt fast immer zur Sprache. Besondere Sensibilität ist daher gefordert, mögliche Sorgen und Ängste könnten in einem abschließenden Gebetsritual aufgenommen werden.

Am besten kann ich mich in eine biblische Figur einfühlen, wenn ich sie nicht nur im Rollenspiel »nachspiele«, sondern ihre Geschichte nacherlebe. Dafür finden wir Übungen, durch die man sich einfühlen kann, hier: Wie fühlt es sich an, blind zu sein? Wie mag sich also der Bartimäus in der Geschichte gefühlt haben, als er dasaß und die Schritte hörte usw.? Wir entscheiden uns dafür, sich in das Blindsein einzufühlen, indem wir Konfis zumuten, eine Stunde lang »blind« einer alltäglichen Tätigkeit nachzugehen, um sich mit dieser Erfahrung in die Bibelfigur einzufühlen und ihre Geschichte dann zu imaginieren. Die Rückmeldung einer Konfirmandin war: »Jesus kommt zu einem, auch wenn ich selbst mal blind bin oder was anderes habe, hoffe ich darauf.«

Wohl wissend, dass ich zwar eine Idee davon bekomme, wie es ist, blind zu sein, und wo die Schwierigkeiten im alltäglichen Leben liegen können, aber niemals erfahre, wie es wirklich ist, blind zu sein, bieten wir diese Blinden-Übung an. Diesen Unterschied hinterher deutlich zu machen, ist wichtig.

Besondere Erfahrung: In einer Konfi-Gruppe, in der ein blinder Junge war, habe ich das Thema vorab mit ihm besprochen und ihn entscheiden lassen, wie er diese Stunde gut miterleben kann. Er wollte dann gern der Assistent sein, der den »blinden« Konfis hilft, sich zurechtzufinden, ihre Hände zu waschen usw. Bei der Fantasiereise hat er eine »Stimme« übernommen. So hatte diese Situation noch einmal einen ganz anderen gruppendynamischen Effekt über das Nacherleben des biblischen Bartimäus hinaus.

Ablauf der Einheit[32]

Vorbereitung

- In der vorherigen Stunde mögliche Unverträglichkeiten abfragen und evtl. einen Extra-Tisch (z. B. ohne Zucker, ohne Kiwi) stellen.

---

[32] Die Grundidee dieser Einheit verdanke ich (Astrid Thiele-Petersen) meinem eigenen Pastor Christoffer Zacharias-Langhans, von dem ich 1978 konfirmiert wurde. Ich habe die Übung seitdem weiterentwickelt.

- Vor der Stunde vorbereiten: je nach Konfi-Zahl ca. 4 Tische mit Stühlen (siehe oben unter Material).
- Vor dem Betreten des Konfi-Raumes werden allen die Augen verbunden.

Hinführung (20 Min.)
- Alle »blinden« Konfis werden in den Stuhlkreis geführt.
- Situation des Blindseins klarmachen, Wahrnehmung auf andere Sinne richten (Was kann ich hören, riechen, fühlen?).
- Evtl. übliches Anfangsritual hier trotzdem in veränderter Form durchführen.
- Aufgabe der Stunde erläutern: In Untergruppen wird blind ein Dessert hergestellt, jede wird dazu gleich an einen Tisch geführt.
- Alle Konfis werden zu Tischen geführt, dann Schritt-für-Schritt-Anleitung: zunächst nur auf den Stuhl setzen, dann entdecken, wer mit am Tisch sitzt, allmählich vorsichtig (Messer) tasten, was auf dem Tisch liegt und sich darüber austauschen.

Obstsalat herstellen (30 Min.)
- Jede Gruppe macht mit verbundenen Augen einen Obstsalat, verteilt ihn auf kleine Schüsseln und isst ihn auf.
- Alle gehen sich die Hände waschen und kommen wieder im Sitzkreis zusammen (immer noch alles blind).
- In der Mitte steht eine Kerze (jetzt anzünden).
- Noch einmal andere Sinne nachspüren: hören, fühlen, schmecken, riechen.

Fantasiereise »Blinder Bartimäus« (Lk 18,35–43) (10 Min.)
Geschichte der Blindenheilung ausführlich erzählen als Fantasiereise aus der Ich-Perspektive:

Ich bin blind. Um mich herum ist alles dunkel. Jeden Tag bringt mich jemand in die Stadt. Ich muss betteln, weil ich nicht arbeiten kann. Ich setzte mich am Rande eines Platzes auf den Boden. Ich fühle, wie der Wind um die Ecke zieht. Ich höre Schritte, schnelle, langsame, manchmal schleppende, manchmal hüpfende und ich stelle mir vor, wer da geht. Manchmal höre ich etwas in meiner Dose klappern und fühle nach, wie viel es ist. Die Münzen sammele ich bis zum Ende des Tages. Manchmal liegt nur ein Stein drin.
Plötzlich höre ich einen Tumult, alle reden laut durcheinander, viele Schritte laufen schnell. – Ich rufe: »Was ist da los?« Ich höre die Worte: »Da geht Jesus.« – Ich rufe zu dem Blinden, von dem ich weiß, dass er mir gegenübersitzt: »Glaubst du, dass Jesus uns helfen kann?« Keine Antwort. Dann höre ich einen Schrei, und es ist mein eige-

ner: »Jesus, hilf mir, erbarme dich!« Leute beschimpfen mich: »Sei still!« Und dann höre ich ganz ruhige Schritte. Jesus kommt auf mich zu. Ich weiß, dass er es ist. Da ist eine besondere Stimmung. Er bleibt vor mir stehen. Er fragt mich: »Was willst du, dass ich für dich tun soll?« – »Herr, dass ich sehen kann!« Voller Zuversicht schreie ich es richtig heraus. Ich glaube an ihn. »Sei sehend! Dein Glaube hat dir geholfen!« Was? Ich bin sehend? Das gibt's doch gar nicht, er hat doch gar nichts gemacht. Ganz vorsichtig öffne ich meine Augen und ich sehe.

Wir nehmen reihum die Tücher von den Augen der Konfis, bitten sie, ihre Augen noch einen Moment geschlossen zu halten, dann zu blinzeln, die Augen vorsichtig zu öffnen und den ersten Gedanken festzuhalten.

Gruppengespräch (15 Min.)
- Mein erster Gedanke nach dem Abnehmen der Augenbinde.
- Rückmeldungen zur Fantasiereise: Wie konnte ich mich einfühlen? Was habe ich »erlebt«?
- Was habe ich über den blinden Bartimäus entdeckt?
- Jesus hat einen Blinden geheilt. Was bedeutet das für meinen Glauben?
- Wie höre ich den Satz »Dein Glaube hat dir geholfen.«?
- Was hat das mit meinem Leben zu tun?

Gebet mit Kerzen (10 Min.)
Jede bekommt eine Kerze. Verbunden mit einem (stillen) Gedanken, einem Dank, einer Bitte an Gott zündet jede ihre Kerze in der Mitte an und legt sie ab.

Gemeinsames Vaterunser und Segenskreis (5 Min.)

5.16 Liebe | Biblische Liebestexte | Poetry-Slam

Rahmenbedingungen

Zeit:	90 Minuten	
Raum:	Saal mit Stuhlkreis für das Plenum, Gruppenräume für je 7–9 Personen jeweils mit Flipchart	
Organisationsform:	Die Einheit kann in einer 90-Minuten-Einheit durchgeführt werden, eignet sich aber auch für Konfi-Wochenenden.	

Material:	– Song »Liebe« von Sido
	– Flipchart für jede Gruppe mit Stiften
	– DIN-A4-Papier und Schreibstifte für alle
	– Bibeltexte je einmal Großdruck in DIN A3 und für alle in DIN A4:
	  • Das Hohelied der Liebe des Paulus (1. Kor 13). Im Druck die wiederkehrenden Teile durch Einrückung deutlich machen.
	  • Über Gott und die Liebe im ersten Johannesbrief (1. Joh 4,7–21). Das Höchste Gebot (Mt 22,37–39). Im Druck die drei Adressaten der Liebe (Gott, Selbst, Nächster) deutlich machen.	

Gedanken zu Lebensthema, Bibeltext und Methodenwahl

Liebe – ein großes Wort für vielfältige tiefe Beziehungserfahrungen. Jugendliche im Konfi-Alter erfahren neu, wie andere gegen- oder gleichgeschlechtlich attraktiv werden, Bedeutung bekommen, begehrenswert erscheinen. Dabei kommt bei den Mädchen der Wachstumsschub vor der Fruchtbarkeit, während es bei den Jungen umgekehrt ist und sie so den Beginn der Pubertät stärker sexualisiert erleben. Zugleich sind die Mädchen den Jungen ca. zwei Jahre in der Entwicklung voraus, was dazu führt, dass sich ihr Interesse in der Regel nicht auf die Jungs in ihrer (Konfi-)Altersgruppe richtet. »Liebe« ist im Konfi-Alter so ein hoch aufgeladenes Wort, verbunden mit vielen Sehnsüchten und Kränkungen und in der Regel noch nicht mit konkreten sexuellen Erfahrungen. Liebe – im Sinne von »woran du dein Herz hängst« – meint aber auch Beziehungserfahrungen in der Familie, als Nächstenliebe, als Liebe zu Tieren. Je mehr ich liebe, desto mehr mache ich mich verletzbar, kann ich leiden. Liebe ist ein Geschenk. Man kann sie weder »machen« noch erzwingen oder kaufen. Das macht ihre Kostbarkeit aus. Auch die Sehnsucht nach Liebe gerät zunehmend in den Sog des Beziehungsgrundgedankens von Kunde und Anbieter: Wenn ich mich selbst entsprechend optimiere, steigere ich meinen Marktwert und kann entsprechend attraktivere Partner gewinnen. Konfis haben jedoch oft ein feines Gespür dafür: »Das ist doch keine Liebe!« Aber was ist Liebe? Die Pop- und Filmwelt ist voll von Symbolisierungen dieser Erfahrungen. Liebe als das, was uns »unbedingt angeht« (Paul Tillich), treibt uns geradezu dazu, symbolische Ausdrucksformen zu suchen. Ein aktueller Song zum Thema, den die Konfis selbst mitbringen, der für sie zum Ausdruck bringt, was Liebe ist, kann als Einstieg gewählt werden. »Liebe« von Sido ist z. B. ausgehend vom »Kribbeln im Bauch« ein Song, der ein breites Erfahrungsfeld abdeckt. Wir wählen drei zentrale neutestamentliche Texte aus, in denen unterschiedliche Erfahrungen von Liebe als Beziehungsqualität im Blick auf Gott, auf uns selbst und andere ihren Ausdruck gefunden haben (siehe auch 1.3):

1. *Das Höchste Gebot (Mt 22,37–39):* Hier gebietet Jesus »lieben« (Verb) im Blick auf Gott, sich selbst und den Nächsten als wichtigste Beziehungsqualität. Es geht um eine Balance in diesem Dreieck. Wer ist damals (vgl. den Barmherzigen Samariter) und heute schwerer zu lieben?
2. *Das Hohelied der Liebe des Paulus (1. Kor 13):* Nachdem Paulus sich den verschiedenen Gaben der Menschen in Korinth zugewandt hatte (1. Kor 12), die wie ein Leib und in einem Geist verbunden sind, macht er deutlich, dass ohne die Liebe alles nichts ist. Meint seine uns vielleicht überfordernde Beschreibung der Liebe eher die göttliche Liebe? Sie wandelt sich von der Kindheit zum Erwachsensein und hat etwas mit »Erkennen« und »Erkanntwerden« (vgl. Gen 4,1) zu tun. Während Gott uns schon längst – liebend – erkannt hat, schauen wir noch wie in einen Spiegel. Volle Resonanzerfahrung »von Angesicht zu Angesicht« steht noch aus, wird aber kommen. Die Liebe ist – neben Glaube und Hoffnung – die größte unter denen, die bleiben.
3. *Gott und die Liebe im ersten Johannesbrief (1. Joh 4,7–21):* Johannes benennt Gott als Liebe – die sich darin gezeigt hat, dass er Mensch und für uns sichtbar geworden ist – und lädt ein, darin und daraus furchtlos liebend zu leben.

Methodisch bietet es sich zum Thema »Liebe« an, eigene Liebeslieder zu komponieren und als Poetry-Slam vorzutragen, in welche eigene und biblische Erfahrungen einfließen können. Dafür ist es besonders wichtig, so mit der Gruppe zu arbeiten, dass die Einzelnen die Gruppe als Unterstützung dafür nutzen können, sich selbst zu trauen, ihre Stimme zu erheben[33].

---

33 Für das Poetry-Training haben wir uns anregen lassen von Stephane de Freitas (2018, S. 214–227) und seinem inspirierenden pädagogischen Ansatz, in dem Jugendliche die Gruppe nutzen, selbst zu lernen, ihre eigene Stimme zu finden und zu erheben.

Ablauf der Einheit

Einstieg über Texte und Songs (10 Min.)

Die Konfis wurden in der vorangegangenen Stunde eingeladen, Texte und Lieder für diese Stunde mitzubringen, die etwas von dem ausdrücken, was sie mit Liebe verbinden.

Als Einstieg zum Thema »Liebe« werden mitgebrachte Texte und Songs gehört. Wenn niemand etwas mitbringt, kann »Liebe« von Sido (Videoclip) gezeigt werden. Jeder bekommt einen DIN-A4-Spickzettel, auf dem eigene Assoziationen, die die eingespielten Texte/Songs/Videoclips auslösen, festgehalten werden. In einem Blitzlicht sagen alle einen Satz: »Liebe ist …«

Kleines Poetry-Training (25 Min.)

Hierzu sollten die Gruppen möglichst nicht größer als sieben bis neun Personen sein (größere Gruppen mit Teamleitung teilen), damit alle an die Reihe kommen können und sich leichter trauen. Das Folgende wird am Flipchart mit der Gruppe entwickelt und bleibt sichtbar im Raum:

Vierer: Die folgenden vier Zeilen werden so vervollständigt, dass sich am Ende die erste mit der zweiten und die dritte mit der vierten Zeile reimt: Ich bin …/Ich habe …/Ich komme von (aus) …/Ich heiße …

Alle, die möchten, tragen stehend vor der Kleingruppe vor und werden mit heftigem Applaus gewürdigt. Wiederholung der Übung mit »Liebe« statt »Ich«.

Stilformenkunde: Die folgenden Stilformen werden kurz erläutert:
- *Alliteration:* Mehrere Worte nacheinander mit gleichem Anfangslaut (»frisch und fröhlich«, »Fischers Fritze fischte frische Fische …«)
- *Apokope:* Wegfall eines Sprachlautes am Wortende (»Ich lieb' dich über alles«), um einen bestimmten Rhythmus zu behalten
- *Personifikation:* »Mauern haben Ohren«, »Stühle haben Beine«
- *Animalisation:* Spiderman, »mein Mäuschen«, »Hasi«, »Angsthase«, »Schwein«, »Fuchs«, »Nachteule«
- *Vegetalisation:* »Meine Rose«, »mein starker Baum, an den ich mich anlehnen kann«
- *Verdinglichung:* »Ein Mann wie Stahl«, »der Bomber von Rio« (Spitzname für einen Boxer)
- *Vergöttlichung:* »Ein himmlisches Vergnügen«
- *Unerwartete Wendungen:* »Ich liebe dich sooo … gar nicht!«

Die verschiedenen Stilelemente sollen in 10-Zeiler eingebaut werden, in denen jede Zeile gleich beginnt: »Die Liebe ist (ein/e) …«. Das letzte Wort der ersten und zweiten Zeile soll sich reimen, ebenso das der dritten und vierten usw.

Die Texte werden wieder in der Gruppe vorgestellt und mit Applaus gewürdigt.

Biblische Texte zur Liebe (10 Min.)

Die drei Texte werden kurz eingeführt, im Plenum im Raum (Kopien für alle darunter) ausgelegt und still gelesen. Jede stellt sich dann zu dem Text, der sie am meisten anspricht. Die Konfis werden kurz befragt, warum sie sich zu diesem Text gestellt haben. Dabei werden auch noch einmal Verständnisfragen geklärt. Jede nimmt ihren Text als Kopie mit in die alte Gruppe.

Eigener Poetry-Slam-Beitrag »Liebe« (20 Min.)

- In der Gruppe hat jetzt jeder die Aufgabe, einen eigenen kleinen Poetry-Slam-Beitrag »Liebe« zu verfassen und vor der Gruppe vorzutragen.
- Die Einzelnen üben den Textvortrag zunächst für sich (vor einem Spiegel): langsam, schnell, Pausen nach jedem Vers, laut schreiend, leise, Gesten …
- Die Gruppe kann weitere Anregungen für den Vortrag geben.

Poetry-Slam im Plenum (15 Min.)

Alle, die möchten, können zum Abschluss ihren Text im Plenum vortragen und werden per Applaus gewürdigt. Es geht um die Poesie, nicht um Punkte.

Reflexion (5 Min.)

Überlegt einmal für euch selbst und sagt dann, was ihr mögt, zu folgender Frage: Ein Gedanke über die Liebe und ein Gedanken über Gott, den ich mitnehme.

Feedback zur Einheit (10 Min.)

5.17 Mobbing | Jesus und die Ehebrecherin | Bibliodrama-Elemente

Rahmenbedingungen

Zeit:	60 Minuten
Raum:	Großer Raum mit Platz für genügend Bewegung für alle
Organisationsform:	Im Rahmen einer wöchentlichen Konfi-Stunde oder als Workshop (auch mit mehr Zeit) möglich
Material:	– Moderationskarten, Filzstifte – Verschiedene Steine – Din-A-3-Papier und Wachskreide – Bibel (Joh 8,2–11)

Gedanken zu Lebensthema, Bibeltext und Methodenwahl

Das Thema »Mobbing« ist im Konfi-Alter allgegenwärtig. Keine Konfi-Gruppe, in der es nicht Erfahrungen damit gibt, oft als Opfer, aber auch als Täter und »Zuschauende«. Die damit verbundenen emotionalen Grunderfahrungen und Konflikte sind bei den Jugendlichen präsent: Angst, Macht und Ohnmacht, Schuldgefühle und Gruppenzwang. Darüber zu sprechen und eine »christliche« Antwort oder gar Lösung zu erhalten, ist ein großes Bedürfnis angesichts der Hilflosigkeit bei diesem Thema.

Die Geschichte, in der Jesus der sogenannten »Ehebrecherin« begegnet, spiegelt gut das wider, was heute beim Mobbing geschieht: Eine Gruppe richtet sich gemeinsam gegen eine Einzelperson, die nicht so ist, wie die anderen sie haben wollen. Die Frage, wer hier Opfer und wer Täter ist, die Frage nach eigener Schuld dabei und das unkonventionelle Wirken Jesu als konfliktlösendes Moment spielen dabei eine Rolle.

Elemente aus dem Bibliodrama sind gut geeignet, um den Wendepunkt der Geschichte zu »begreifen« und in das eigene Leben zu übertragen, denn es findet eine Auseinandersetzung über Identifikation mit einer biblischen Figur und Verknüpfung zum eigenen Lebensalltag statt. Ein Rollenspiel, das lediglich die Handlung nachspielt, scheint uns nicht geeignet, da es Rollen zuschreibt. Uns ist es wichtig, dass Konfis sich in verschiedene Rollen hineinfinden können, um aus unterschiedlichen Perspektiven das Geschehen zu erleben. Die Konfis werden dabei angeleitet, sich mit verschiedenen Personen der Geschichte zu identifizieren und nacheinander ihre Rollen einzunehmen, um deren Gefühle und Handlungsmotive zu entdecken. Eine Übertragung zurück in die eigene Lebensrealität geschieht dabei häufig wie von selbst.

Ablauf der Einheit

Hinführung zum Thema »Mobbing« – Eigene Erfahrungen (10 Min.)

- Das Thema »Mobbing« wird genannt: »Woran denkst du aus eigener Erfahrung, wenn du dieses Thema hörst?«
- Jede schreibt spontan ein Stichwort dazu auf eine Karte.
- Die Karten werden gemischt, vorgelesen und geclustert.
- Die Konfis tauschen sich in Kleingruppen zu den Stichwort-Themen aus. Jeder erzählt dazu, was er möchte.

Nacherleben der Geschichte von Jesus und der Ehebrecherin (Joh 8,2–11)

Mit einer kurzen Hinführung und Imagination führen wir jeweils in die Situation der Geschichte ein, dabei evtl. historische Hintergründe erzählen (z. B. was sind Pharisäer, was geschieht auf dem Tempelplatz, was ist Steinigung?). Versweise lesen wir im Folgenden die Geschichte aus der Bibel vor und lassen die Konfis nacheinander verschiedene Rollen erleben und mit eigenen Gedanken füllen. Nach jedem Vers schütteln alle die Rolle ab und es gibt einen kurzen Austausch.

V. 3a Da bringen die Pharisäer und Schriftgelehrten eine Frau, die beim Ehebruch ergriffen worden war (5 Min.)

In zwei Reihen auf je einer Raumseite stehen, jeder Konfi hat ein Gegenüber, abwechselnd auf die andere Seite gehen und den Partner ergreifen und bringen. Jede kann selbst entscheiden, wie sie reagieren möchte.
Rollentausch, danach kurzer Austausch zu zweit: Wie fühlt sich »ergreifen und bringen« und »ergriffen werden und gebracht werden« an?

V. 3b ... und stellten sie in die Mitte (5 Min.)

Alle stehen im Kreis, nacheinander kann jeder probieren, in die Mitte zu gehen, so wie in seiner Vorstellung die Frau stand/saß/lag. Jede kann tun, was sie will, eine Haltung einnehmen, sich bewegen, etwas sagen. Jede bleibt so lange, wie sie möchte, in der Mitte und geht dann wieder in den Kreis zurück. Der Nächste geht in die Mitte. Wenn alle, die wollten, in der Mitte waren, sagt jeder einen Satz: Was habe ich über die Frau entdeckt?

V. 4,5a ... Im Gesetz hat uns Mose geboten, solche zu steinigen. (10 Min.)

Alle stehen im Kreis, in der Mitte ist in unserer Vorstellung die Frau, jeder Konfi nimmt einen Stein. Kurze Imagination: Wer bin ich? Warum bin ich hier? Wie stehe ich zu der Frau? Jede findet eine Haltung für eine Person mit einem Stein und stellt sich vor mit einem Satz in ihrer Haltung (z. B. »Ich bin die Freundin

der Frau. Ich weiß, dass sie ihn liebt und er sie auch, deshalb werfe ich garantiert nicht, aber ich tue so, damit es keiner merkt.«).
Austausch: Erfahrungen aus dieser Übung

V. 5b–6b … Da bückte sich Jesus nieder und schrieb mit dem Finger auf die Erde. (10 Min.)

Alle versetzen sich in Jesus hinein und finden eine Haltung für ihn, die sich verändert zum Sitzen hin. Ohne zu sprechen schreibt jede mit dem Finger auf die Erde (hier mit Wachskreide auf Papier). Im Kreis stehen und vorlesen/zeigen. Kurzer Austausch im Stehen.

V. 7 … Wer unter euch ohne Sünde ist, der werfe den ersten Stein auf sie. (5 Min.)

Im Kreis stehen, wieder mit einem Stein in der Hand in die Haltung der »Steiniger-Figur« gehen. Den Jesus-Satz hören und reagieren, dabei ausdrücken, was in mir passiert, wenn ich den Satz höre (Bewegung, Handlung, etwas sagen, wie es für jeden passt).

V. 8–11 *lesen* (10 Min.)

Je zu zweit (oder dritt) ein Standbild »Jesus und die Frau« stellen. Wie fühlt sich die Frau hinterher? In welcher Haltung steht Jesus zu ihr? Jedes Paar zeigt sein Standbild, die Zuschauenden sagen, was sie sehen. Aus der letzten Rolle heraustreten und zum Stuhlkreis zusammenkommen.

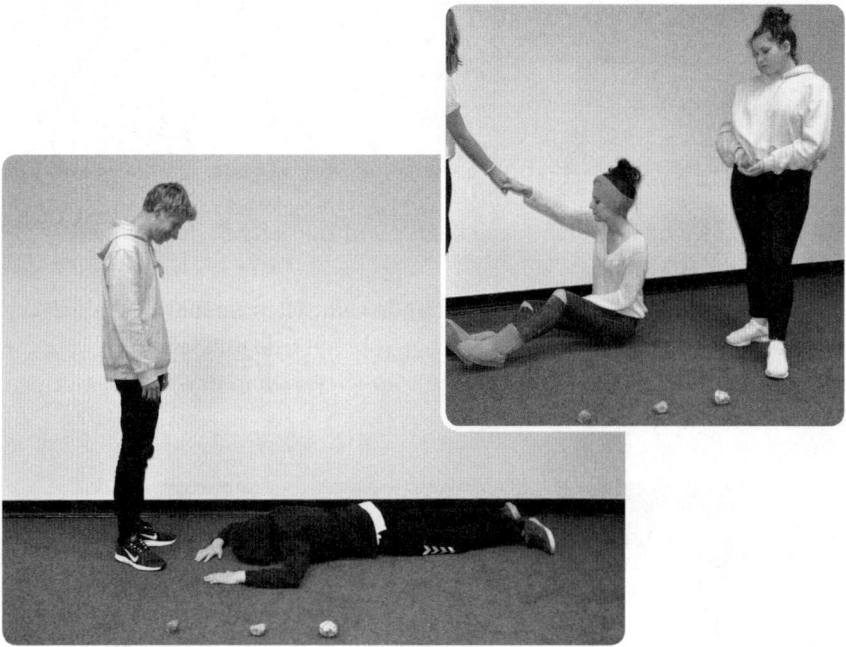

Reflexion (10 Min.)

Überlegt einmal für euch selbst und sagt dann, was ihr mögt, zu folgenden Fragen:
- Was habe ich nach dem Erleben dieser Geschichte entdeckt?
- Was ist das für ein Jesus?
- Übertragung auf »Mobbing«: Was nehme ich aus dieser Geschichte mit (wenn ich an die unterschiedlichen Themenbereiche vom Anfang denke, z. B. Macht, Schuld, Gruppenzwang)?

5.18 Natur und Mensch | Schöpfung | Gruppenkunstwerk

Rahmenbedingungen

Zeit:	60 Minuten
Raum:	Möglichst bei gutem Wetter in einem Gemeindehaus mit Natur- oder Waldfläche davor oder auf einem Konfi-Wochenende[34] mit entsprechenden Möglichkeiten
Organisationsform:	Die Einheit eignet sich als Einzelstunde oder Doppelstunde (90 Min.) inkl. ritueller Rahmung. Bei mehr Zeit kann die Phase der Materialsammlung für das Gruppenkunstwerk ausgedehnt werden, sodass Entdeckungen in der Natur ein eigenes Gewicht bekommen.
Material:	– Bibeltext (Gen 1–2,4a). Der Text wird mindestens in Schriftgröße 12 sinnhaft so gesetzt, dass die wörtliche Rede Gottes eingerückt steht, die Gotteskommentare »Und Gott sah, dass es gut war« fett und die Ansagen des Tages unterstrichen sind. So ist eine Lesung in vier Rollen möglich: Erzähler, Gott, Gotteskommentar, Tagesansage. Kopien für alle. – Digitalkamera für die Dokumentation der Kunstwerke

Gedanken zu Lebensthema, Bibeltext und Methodenwahl

Angesichts des nicht mehr rückgängig zu machenden Klimawandels stehen wir und die Generation der Konfis vor großen Herausforderungen. In der Regel wissen Jugendliche über Schule und Medien relativ viel über Zusammenhänge und Möglichkeiten. Je nach konkretem Lebensraum ist ihr Kontakt zur Natur sehr unterschiedlich. Es gibt Surferinnen, Angler, Pfadfinderinnen und Pferdeliebhaber, Jugendliche, die es genießen, draußen zu sein. Es gibt aber auch Jugendliche, die Natur nur aus den Medien kennen – als grünen Fußballrasen oder vom Mallorca-Strand. Viele leben zunehmend in virtuellen Welten. Die kostbare dünne Bodenschicht fruchtbarer Erde wird immer noch oft mit »Dreck« assoziiert. Landwirte sind stolz, keine Bauern mehr zu sein, sondern einen Industriebetrieb unter freiem Himmel zu führen. So nehmen wir das Artensterben in der Natur höchstens wahr, wenn wir uns an insektenverklebte Autoscheiben von früher erinnern oder wie lange wir keinen Schmetterling mehr gesehen haben.

Zugleich sind wir – mit Haut und Haaren und Hirn – Teil der Natur und an vielen Stellen entstehen Bewegungen, denen es weniger darum geht, die Natur

---

[34] Die Einheit kann ergänzt werden durch Einheiten zum Thema »Gerechtigkeit und Klimawandel« (Franke 2010a) oder »Bewahrung und Bedrohung der Schöpfung« (Franke 2010b).

zu beherrschen, sondern in Entsprechung zu ihr zu leben, nicht nur sie zu verändern, sondern uns selbst im Einklang mit ihr zu verändern.

Christlicher Glaube sieht die Welt und uns darin als Gottes Schöpfung. Das ist ein bestimmter Blick auf die Welt, in der wir leben, wie Menschen ihn im ersten Schöpfungsbericht vor dem Hintergrund des damaligen Weltbildes ausgedrückt haben: Gott schafft nicht nur, »indem er etwas ins Dasein ruft oder ins Werk setzt. In einem tieferen Sinne ›schafft‹ er, indem er seinlässt, einräumt und sich zurücknimmt« (Moltmann 1985, S. 101) für die wasserumspülte von Erd- und Himmelsfeste geschützte »Lebensraum-Luftblase«. Zur Schöpfung gehört die Begrenzung des Machens, das Schauen und Sehen, »es war sehr gut«. Die Vollendung der Schöpfung liegt nicht im Menschen als »Krone der Schöpfung«[35], sondern im Sabbat für Gott und uns Menschen. Der beschriebene Herrschaftsauftrag an den Menschen findet sein Korrektiv in der Gottesebenbildlichkeit, in der es um liebende und nicht zerstörerische Beziehungsmacht geht.

Um eigene Symbolisierungen für die Beziehung von Natur und Mensch zu »er-finden«, laden wir Konfis dazu ein, mit der Kleingruppe ein Gruppenkunstwerk in der Natur und unter Verwendung von Naturmaterialien zu gestalten. Die Perspektive »Schöpfung« setzen wir anschließend über die Lesung des ersten Schöpfungsberichtes zu den Gruppenkunstwerken in Beziehung.

Ablauf der Einheit

Gruppenkunstwerk »Natur und Mensch« (20 Min.)

Die Konfis werden eingeladen, in drei Kleingruppen je ein Gruppenkunstwerk zu gestalten zum Thema »Natur und Mensch«. Sie können dabei alles verwenden, was sie an Naturmaterialien, Gegenständen etc. im Haus und auf dem Gelände (Radius festlegen) finden. Bedingung ist, dass nichts zerstört wird und hinterher alles wieder zurückgebaut werden kann, wie es vorher war. Was ist Natur? Was ist der Mensch? Was verbindet sie? Was unterscheidet sie? Welche Beziehung haben sie zueinander? Bei der Gestaltung des Kunstwerkes können verschiedene Gestaltungsaspekte berücksichtigt werden: groß/klein, Nähe/Distanz, Blickwinkel, Farben, hart/weich ...

---

35 Vom Bild des Baumes her gehören alle jetzt mit uns (über-)lebenden Lebewesen zur »Krone der Schöpfung«, wenn man den Baum wie eine Kugel sieht mit dem Wurzelkern in seiner Mitte und ausgestorbenen Zweigen im Inneren.

Einführung in den Schöpfungsbericht (1. Mose 1–2,4a) (15 Min.)

Bevor wir gleich unsere Kunstwerke zu »Natur und Mensch« vorstellen, geht es nun um eine besondere Perspektive. Schon vor langer Zeit haben Menschen »Natur und Mensch« als Gottes Schöpfung verstanden. Für sie war klar: Wer wir sind, wie alles entstanden ist und sich weiter verändert, was das soll, all das hat etwas mit Gott zu tun. Wir lesen den ersten Text in der Bibel, in dem es darum geht. Menschen haben hier ihr Gefühl ausgedrückt, dass das Leben von Gott kommt. Sie haben sich damals die Erde noch als Scheibe mit einer festen Himmelskuppel vorgestellt, umgeben von Wasser, das aus der Erde kommt und vom Himmel fällt.

Der Text wird einmal in vier verteilten Rollen gelesen. Erste Eindrücke und Verständnisfragen werden besprochen. Dann wählt jede Gruppe vier Konfis für das Lesen des Textes im Anschluss an die Kunstwerkvorstellung einer anderen Gruppe aus.

Vorstellung der Kunstwerke und Kontrastierung mit dem Schöpfungsbericht (20 Min.)

Die Gesamtgruppe geht von Kunstwerk zu Kunstwerk.
Zunächst die Zuschauenden:

Was nehmen wir wahr? Welche Assoziationen haben wir spontan dazu? Welche Atmosphäre spüren wir? Was entdecken wir über »Natur und Mensch« im Kunstwerk?

Dann die Künstlergruppe:

Was wir ausdrücken wollten und welche Fragen uns auf dem Weg beschäftigt haben.

Anschließend liest eine andere Gruppe noch einmal den Schöpfungsbericht in verteilten Rollen, während alle noch einmal auf das Kunstwerk schauen:

Was leuchtet im Kunstwerk besonders auf, wenn wir den Text hören? Gibt es Gegensätze/Übereinstimmungen, wie Natur und Mensch beschrieben sind? (Wo) steckt Gott im Kunstwerk?

Von jedem Kunstwerk werden Fotos gemacht, die später allen gedruckt zur Verfügung gestellt werden.

Feedback zur Einheit (5 Min.)

5.19 Schuld | Petrus' Verleugnung | Video drehen

Rahmenbedingungen

Zeit:	90 Minuten
Raum:	Saal mit Stuhlhalbkreis zur Leinwand, zwei weitere ebenso helle Gruppenräume
Organisationsform:	Die Einheit eignet sich als 90-Minuten-Einheit. Für die Technik ist eine entsprechend erfahrene Person (Teamerin) erforderlich, die die Clips annimmt und für die Projektion sortiert.
Material:	– Kopien des Bibeltextes (Mk 14,66–72) in Großdruck und gut lesbar gesetzt – Mindestens drei videofähige Smartphones, Verbindungskabel, möglichst Stative, Zentrallaptop mit Beamer und Leinwand

Gedanken zu Lebensthema, Bibeltext und Methodenwahl

»Das war ich gar nicht. Das war …!« ist ein reflexhafter Satz, den man in manchen Konfi-Gruppen öfter hört, wenn es um die Feststellung einer Norm- oder Regelübertretung geht. Schuld scheint ein unangenehmes Etwas zu sein, das niemand behalten möchte und einem immer wieder wegflutscht. Verantwortung zu übernehmen, ist auch gesellschaftlich an vielen Orten nicht unbedingt angesagt. Schuld anzuerkennen, setzt voraus, sie als solche aufgrund eines geteilten Wertesystems zu empfinden.

Eigene Erfahrungen von Schuld Jugendlicher begegnen uns u. a. darin, auch unbeabsichtigt etwas kaputt zu machen oder jemanden zu verletzen, in Beziehungen nicht zu jemandem zu stehen (Cliquen/Patchworkfamilien), sich abzugrenzen von den Eltern, sich nicht gegen Ungerechtigkeit zur Wehr zu setzen, zu leben und zu konsumieren auf Kosten anderen Lebens (Vegetarier …).

Während die Kirche in früheren Zeiten Schuldgefühle schürte, die sie dann nicht nur in Zeiten des Ablasshandels ausbeuten konnte, ist man heute sensibler darin, zwischen falschen Schuldgefühlen und Schuld zu unterscheiden. Das gilt z. B. für die Erfahrungen Jugendlicher, deren Eltern sich trennen. Schuldgefühle erleben gerade Jugendliche heute weniger aus Verstößen gegen das eigene Gewissen im Blick auf andere Menschen, sondern gegen das eigene Selbst, dass es zu entfalten und verwirklichen gilt. Das Gefühl ist dann nicht, etwas falsch gemacht zu haben, sondern eher, einem (eigenen) Anspruch nicht zu genügen, hinter den eigenen Möglichkeiten zurückzubleiben.

Hinter vielen biblischen Texten und Ritualen wie Taufe und Abendmahl steht die Erfahrung von Schuld und Vergebung. Wir wählen die Verleugnung des

Petrus, weil es in dieser Szene bereits um ein schamgetöntes Schuldgefühl geht: Petrus macht sich nicht nur eines Solidaritätsbruches gegenüber Jesus schuldig, sondern bleibt zugleich weit hinter seinen eigenen – zuvor von ihm immer wieder behaupteten – Möglichkeiten zurück. Dabei entzieht Jesus ihm dennoch nicht das Vertrauen – wie historisch auch immer der Vers sei, dass er der Fels sei, auf dem er seine Kirche bauen will (Mt 16,18–19). Es ist schon besonders, dass Jesus mit Petrus – und den anderen Jüngern (s. Kap. 5.7) – Menschen wählt, denen eigene Erfahrungen von Schuld und Scheitern nicht fremd sind, und ihnen mit Vergebung begegnet. Vergebung bedeutet nicht vergessen, sondern etwas nicht anzurechnen. Schuldanerkenntnis und Reue sind ebenso Voraussetzung wie der beiderseitige Wille und Freiwilligkeit. Wir nehmen den Tiefpunkt des weinenden Petrus als Ausgangspunkt für das Thema »Schuld« und laden die Konfis ein, von hier aus eigene oder fantasierte Szenen als Videoclip darzustellen.

Ablauf der Einheit

Der weinende Petrus – Was ist geschehen? (15 Min.)

Die Konfis werden eingeladen, sich zum Thema »Schuld« mit einem Jünger Jesu zu beschäftigen, der, während Jesus den Richtern des Hohen Rates vorgeführt wird, draußen weinend zusammenbricht. Zunächst werden einige Aspekte zur Person des Petrus gesammelt (Name, Seewandel, Abendmahl, spätere Rolle …). Dann wird der Text Markus 14,66–72 still gelesen. Nachbarn unterstützen sich. Im Plenum geht es dann um die Fragen:

Wie mag sich das Weinen angefühlt haben? Schmerzvoll? Entlastend? Warum weint Petrus? Was ist vorher geschehen? Verurteilt Jesus ihn? Vergibt Jesus ihm? Kann er sich selbst vergeben? Warum sucht Jesus sich Menschen als Jünger, die schwach sind, Fehler machen, sich schuldig machen?

Videoclips »Der weinende Petrus« (15 Min.)

In drei Gruppen drehen die Konfis die Szene des weinenden Petrus, der von einer Jugendlichen dargestellt wird. *Szenenfolge:* Petrus weint. Dann wird Petrus befragt: 1. Was ist denn passiert, Petrus? – Petrus antwortet. 2. Wie geht es jetzt weiter, Petrus? – Petrus antwortet.

Vor dem ersten Dreh übt die Gruppe mit einem »Petrus« und dreht dann die Szenen an einem Stück. Beim Drehen ist darauf zu achten, dass das (Quer- oder Hoch-)Format verwendet wird, das nachher auch unkompliziert an die Wand gebeamt werden kann. Steht mehr Zeit zur Verfügung, können verschiedene Konfis in die Petrusrolle gehen. Am Ende wird ein Clip ausgewählt und als

Datei »Gruppenname-Petrus« an den zentralen Laptop gemailt oder per Kabel übertragen.

Videoclips »Der/die weinende NN« (25 Min.)
In den gleichen Gruppen wird nun eine Szene überlegt, in der ein Jugendlicher wie Petrus weint und die gleichen Fragen gestellt bekommt. Jetzt geh es darum, mit der Gruppe eine eigene Geschichte dahinter zu »er-finden«, die NN dann erzählt.

Wie vorher wird ein Clip gedreht und als Datei »Gruppenname-NN« an die Zentrale gegeben.

Vorführung der Videoclips und Lösungsgespräch (30 Min.)
Jede Gruppe führt zuerst ihren Petrus-Film und dann den NN-Film vor.

Auswertungsfragen: Steckt im Weinen des Petrus schon die Erfahrung von Vergebung? Hat er Schuld? Steckt im Weinen von NN schon die Erfahrung von Vergebung? Welche Geschichte steckt dahinter? Welche »Lösung« fantasiert NN? Wie könnte diese Geschichte heilvoll weitergehen? Schuld verleugnen? Vergessen? Wiedergutmachen? Vergeben? Ist der Clip realistisch?

Feedback zur Einheit (5 Min.)

5.20 Sehnsucht | Seligpreisungen | Gruppen-Maldialog

Rahmenbedingungen

Zeit:	60 Minuten	
Raum:	Stuhlhalbkreis vor Leinwand, Tische mit Flipchart-Bogen und Stiften für je fünf Konfis am Rand	
Organisationsform:	60-Minuten-Einheit oder mit ritueller Rahmung und mehr Luft auch für das Einspielen mitgebrachter Musik oder Filmclips in 90 Minuten	
Material:	– Beamer, Leinwand, Laptop, mit Smartphone zu verbindende Boxen – Einzelne Seligpreisungen (Mt 5,3–12) ausgedruckt auf je einer DIN-A4-Seite für je fünf Konfis – Flipchart-Bögen, Ölkreide, Permanentmarker – Liedblatt »Da wohnt ein Sehnen tief in uns« (Quiqley/Eckert (dt.) 1992, S. 209)	

Gedanken zu Lebensthema, Bibeltext und Methodenwahl

Sehnsucht, die hoffnungs- und spannungsvolle Ahnung und der Wunsch, dass etwas anders sein könnte, als es jetzt ist, ist für viele Jugendliche ein in der Pubertät aufbrechendes Grundgefühl. Bei anderen – pragmatisch Angepassten – hat man als Unterrichtender manchmal den Eindruck, als ob es sie gar nicht gibt und sie erst geweckt werden müsste. Sehnsuchtsvolle Spannung spüren Jugendliche in Bezug auf sich selbst und was sie sein könnten, auf die Beziehungen, in denen sie leben und wie sie sein könnten, auf die Gesellschaft, wie sie ist und wie sie sein könnte, und auf die ganze »seufzende« Schöpfung. Man kann in der Sehnsucht als »Illusion« stecken bleiben, sie kann aber auch zu einer verwandelnden schöpferischen, revolutionären Kraft werden, weil sie die vermeintliche Realität nicht einfach hinnimmt, sondern Gottes Wirklichkeit und Möglichkeiten darin erspürt.

Wir versuchen zunächst, der Sehnsucht der Konfis unserer Gruppe auf die Spur zu kommen und laden sie ein, Symbolisierungen mitzubringen, die sie für ihre Sehnsucht in Musik, Filmen, Texten oder Bildern – auch von Sehnsuchtsorten[36] – gefunden haben.

---

36 Nach unserer Erfahrung sind dies oft Orte der Entspannung, Pausenorte vom Leistungsdruck, Orte die mit besonderen Beziehungen zu Menschen oder Tieren verbunden sind oder Orte, die mit einer besonderen Herausforderung verbunden sind.

Viele biblische Texte von den Psalmen, die Exodus-Tradition über prophetische Texte bis zur Reich-Gottes-Verkündigung Jesu und der Johannesoffenbarung lassen sich als Ausdruck einer Sehnsuchtserfahrung verstehen. Sie haben immer wieder Menschen – wie Martin Luther King, Befreiungstheologen, Friedens- und Ökologiebewegungen – inspiriert und Kraft gegeben, Veränderungsprozesse einzuleiten. Wir wählen hier mit den Seligpreisungen einen Kerntext der Reich-Gottes-Verkündigung Jesu, der seine Sehnsucht zugleich als Zuspruch zusammenfasst und einen Gegenakzent zu den Werten der Leistungsgesellschaft setzt. Ein stummer Maldialog – der auch Worte zulässt – in Kleingruppen ist gut geeignet, eigenen Sehnsuchtsdimensionen miteinander auf die Spur zu kommen und Sehnsuchtsdimensionen der Seligpreisungen dazu in Beziehung zu setzen.

Ablauf der Einheit

Wo finde ich Resonanz für meine Sehnsuchtsgefühle?

Die Konfis wurden in der vorangegangenen Stunde eingeladen, zu diesem Treffen Song-, Musik-, Filmausschnitte, Texte oder Bilder – auch von ihren »Sehnsuchtsorten« – mitzubringen, die für sie mit einem Sehnsuchtsgefühl verbunden sind.

Meditativer Einstieg: Eigene Musik-/Film-Erfahrungen (10 Min.)

Als Einstieg zum Thema »Sehnsucht« werden mitgebrachte Musik gehört und Clips geguckt. Auch das Lied »Da wohnt ein Sehnen tief in uns«[37] eignet sich als Einstieg.

Gruppen-Maldialog »Sehnsucht« (15 Min.)

In Fünfergruppen setzen sich die Konfis rund um Tische mit einem Flipchart-Blatt, Ölkreide und Permanentmarkern. In der Mitte steht das Wort »Sehnsucht«. Es darf immer nur eine Person auf einmal zu diesem Wort und Thema malen oder schreiben. Die nächste kann daran anknüpfen, unterstützen, kontrastieren, neu ansetzen …

Die Seligpreisungen (15 Min.)

In die Seligpreisungen wird als Sehnsucht und Traum Jesu von einer gerechteren Welt eingeführt. Die Seligpreisungen sind zugleich Zuspruch, Ausdruck Gottes

---

37 Im Song werden gegenübergestellt: Sorge, Schmerz, Liebe, Glück, Frieden, Freiheit Hoffnung, Ohnmacht, Furcht, Einsicht, Beherztheit, Beistand, Krankheit, Tod, Heilung, Ganzsein, Zukunft – Nähe Gottes

Willens und des Reiches Gottes. Die einzelnen Seligpreisungen werden in jeder Gruppe ausgelegt und gelesen. Verständnisfragen werden geklärt. Alle Konfis nehmen sich eine Seligpreisung, die sie aus dem Maldialog heraus anspricht.

Jeder bringt sich nun mit seiner Seligpreisung in der Hand wieder in den Maldialog ein, ergänzend, kontrastierend, verstärkend ...

Vorstellung der Maldialoge »Sehnsucht« und Reflexion (15 Min.)

Die ganze Gruppe geht von Tisch zu Tisch. Die anderen beschreiben jeweils, was sie wahrnehmen und assoziieren zum Bild der jeweiligen Gruppe. Die Gruppe reagiert darauf und kann auch den Malprozess beschreiben. Weitere Reflexionsfragen:

- Ist »Sehnsucht« hier freudig erwartungsvoll nach vorn gerichtet oder eher aus einem Schmerz kommend?
- Sehnsucht wonach kommt zum Ausdruck?
- Was haben die Seligpreisungen mit dem Sehnsuchtsbild vorher zu tun und wie sind sie »eingebaut«?

Feedback zur Einheit (5 Min.)

5.21 Selbstbewusstsein | Berufung Mose | Brief schreiben

Rahmenbedingungen

Zeit:	60 Minuten
Raum:	Stuhlkreis im Saal mit genug Einzelplätzen an Tischen zum Briefschreiben
Organisationsform:	Die Einheit kann gut im Rahmen einer 90-Minuten-Einheit durchgeführt werden.
Material:	– Bibeltext (Ex 3, 1–4.17) gedruckt in verteilten Rollen – DIN-A4-Papier gelocht mit Stiften für Briefe – Grafik »Selbstbewusstsein« als DIN-A3-Kopie für alle und für jede Kleingruppe – Smartphones und Box

Gedanken zu Lebensthema, Bibeltext und Methodenwahl

»Selbst-Bewusstsein« im Doppelsinn vom Mir-bewusst-Werden, wer ich bin, und Selbstvertrauen ist in einer Lebensphase des kompletten Umbaus in Körper, Herz und Hirn einerseits etwas, das gerade neu entsteht, und andererseits ein fragiles Gut. Wir gewinnen unser Selbstbewusstsein aus dem, was wir können und leisten, indem wir uns selbstwirksam erfahren, wir gewinnen es aus dem Zutrauen anderer in uns, die für uns Bedeutung haben. Und wir können es auch daraus gewinnen, dass wir uns mit Idolen oder Vorbildern – aber auch mit Ideen, Ideologien – identifizieren und so stärker fühlen.

In allen drei Quellen des Selbstbewusstseins geht es aber auch um die Frage, was ich denn können und leisten will, ob das Zutrauen anderer auf das zielt, was mir wirklich wichtig ist, und die Idole, mit deren Glanz ich mich identifiziere, mir wirklich entsprechen und ich zugleich auch eine kritische Distanz bewahren kann. Woher bekomme ich genug Selbstvertrauen, selbstbewusst für das einzustehen, wovon ich überzeugt bin? Für die Konfi-Arbeit können wir uns fragen, inwiefern wir Konfis Räume eröffnen, in denen sie eigene Fähigkeiten entdecken und einbringen können, inwiefern wir ihnen mit Zutrauen begegnen und inwiefern sie mit und in der Begegnung mit der christlich-jüdischen Tradition eigene Glaubensüberzeugungen und Vertrauen in sich, in Gott und andere finden können.

In biblischen Berufungsgeschichten von Mose über die Propheten bis hin zu Jesu Taufe und Versuchung geht es um Selbstbewusstsein in der Begegnung mit

Selbstbewusstsein | Berufung Mose | Brief schreiben

Gott. Wir wählen für dieses Thema die Berufung Mose aus, in der besonders deutlich wird, wie sehr Mose damit ringt, wer er selbst und was seine Aufgabe ist, wer Gott ist, was er sich selbst zutraut, was Gott ihm zutraut und wem er vertraut. Eigentlich will er eher seine Ruhe haben, weil er ahnt, dass die Aufgabe jemandem wie ihm ohne Redetalent und Überzeugungskraft nur Ärger bringen wird. Der Text ist Ausdruck der Erfahrung, sich trotz aller Gegengründe durchzuringen, sich einer Aufgabe zu widmen, von der man eigentlich überzeugt ist. Selbstvertrauen erwächst hier aus einem durchaus erstrittenen Gottvertrauen. Gott bietet dabei mitgehend alle mögliche Unterstützung an – darunter auch aus heutiger Sicht eigenwillige Zaubermethoden und den Auftrag zur Plünderung.

In seinem Ringen mit Gott zeigt Mose sehr menschliche Züge im Ringen um Selbstbewusstsein. Wir laden die Konfis ein, ausgehend von ihren Erfahrungen und den Erfahrungen Moses, in getrenntgeschlechtlichen Gruppen eigene Briefe mit fünf Tipps für das Selbstbewusstsein an einen Freund/eine Freundin zu schreiben.

Ablauf der Einheit

Warm-up (5 Min.)

Durch den Raum gehen im eigenen Tempo und den Raum wahrnehmen: langsam und müde, schneller, so schnell, dass es gerade so keine Zusammenstöße gibt, im eigenen Tempo, meine Haltung dabei spüren. Etwas aufrechter gehen: wie jemand, der ein gutes Selbstbewusstsein hat, wie jemand, der wirklich zu viel Selbstbewusstsein hat, wie jemand, der überhaupt kein Selbstbewusstsein hat, normal im eigenen Tempo. Kurze Rückmeldungen zur Übung.

Was ich kann – Wer mir was zutraut – Mein Vorbild – Worauf ich vertraue (10 Min.)

Was stärkt unser Selbstbewusstsein? Anhand der Grafik[38] (S. 142) werden unsere Ideen dazu beschrieben:
1. Wenn wir etwas gut können und wissen, was unser Ding ist,
2. wenn wir jemanden anhimmeln, ein Vorbild haben oder ein echter Fan von jemandem sind,
3. wenn es Menschen gibt, die uns etwas zutrauen.

---

38 Wir haben uns inspirieren lassen vom Drei-Säulen-Modell für das Selbstwertgefühl nach Mentzos (2013, S. 68 ff.)

Zugleich erleben wir aber auch, dass wir etwas nicht können, nicht so wissen, was unser Ding ist, jemanden haben, der uns etwas zutraut, was wir aber vielleicht gar nicht wollen. Und auch für Fans gibt es schlechte Zeiten. Kann ich jemanden blind anhimmeln? Stärkt es *mein* Selbstbewusstsein, wenn ich ein Vorbild habe? Vielleicht fällt den Konfis noch etwas anderes ein, das unser Selbstbewusstsein stärkt? Wir laden die Konfis ein, in Kleingruppen gemeinsam die Grafik mit Worten und Farben auszufüllen.

Die Berufung Mose (Ex 3,1–4.17) (10 Min.)

Der Text ist relativ lang. Um ihn in die Gruppe einzubringen, empfiehlt es sich, ihn mit verteilten Rollen (Gott, Mose, Erzähler) gesetzt auszudrucken und mit drei Teamern oder Konfis vorher als szenische Lesung einzuüben.

Vor dem Text selbst sollte eine kurze Rekapitulation zur Person Mose stehen, die einige Konfis vielleicht gar nicht oder eher als »Prinz von Ägypten« kennen.

Nach der Lesung werden Verständnisfragen geklärt.

Brief an einen Freund/eine Freundin (20 Min.)

In Kleingruppen (Jungen/Mädchen getrennt) wenden die Konfis die Grafik vom Anfang nun auf Mose an und füllen sie gemeinsam aus. Anschließend sammeln sie gemeinsam aus ihren eigenen und Moses Erfahrungen fünf Tipps fürs Selbstbewusstsein: Was kann mein Selbstbewusstsein stärken? Worauf sollte ich achten? Was kann helfen, wenn ich keines habe? …

Dann schreiben sie einen Brief oder sprechen einen Text ins Smartphone mit ihren fünf Tipps an einen Freund (Mädchen an eine Freundin), der (die) Schwierigkeiten mit seinem Selbstbewusstsein hat.

Lesung der Briefe/Vorspielen der Texte (10 Min.)

Wie realistisch sind die Tipps? Gibt es Unterschiede bei den Tipps zwischen Jungen und Mädchen? Was hat Gott mit Selbstbewusstsein zu tun?

Feedback zur Einheit (5 Min.)

5.22 Stolz und Scham | Reicher Jüngling | Fotografie

Rahmenbedingungen

Zeit:	Zwei 90-Minuten-Einheiten, die auch – verbunden mit einer 45-minütigen Imbiss- und Druckpause – direkt nacheinander durchgeführt werden können
Raum:	Stuhlkreis mit Tuch in der Mitte für die Symbolgegenstände, ausreichend heller Platz (Fenster) mit möglichst neutralen hellen Wänden als Fotohintergrund, anregende Umgebung draußen. Je ein Tisch mit Flipchart-Blatt und Platz drumherum.
Organisationsform:	Die Einheit eignet sich besonders für einen Konfi-Tag oder Konfi-Nachmittag mit einer Imbisspause in der Mitte, in der gedruckt werden kann. Sie kann aber auch – wie hier beschrieben – in zwei getrennten 90-Minuten-Einheiten durchgeführt werden. Die Einheit lebt davon, dass es wirklich Zeit gibt für eigene fotografische Erkundungen. Für gute Lichtverhältnisse möglichst in der zweiten Jahreshälfte mit anregender Umgebung draußen. Es braucht neben der Leitung eine Person, die am Zentraldrucker die Fotos als Mail oder Speicherkarte annehmen und ausdrucken kann. Also am besten ein fotobegeistertes Team, das technisch und gestalterisch begleiten und beraten kann.
Material:	- Fotofähige Smartphones oder Digicams für alle, die kein eigenes Gerät mitbringen können - WLAN-Zugang für Mailempfang, PC mit passenden Speicherkarten-Slots und gutem Schwarz-Weiß-Drucker (möglichst auf DIN A3) - Flipchart - Wäscheleine, Wäscheklammern, Wandbefestigung für raummittiges Aufhängen - Bibeltext (Mk 10,17–27) als Kopie für alle - Karten und Stifte

Gedanken zu Thema, Bibeltext und Methode

Die zentrale Ambivalenz von Stolz und Scham spüren wir in fast jedem Konfirmationsgottesdienst beim Einzug oder kurz davor: Endlich einmal im Mittelpunkt stehen und alle gucken! – Hoffentlich guckt keiner! Stolz und Scham sind Identitätsmarker: Sage mir, worauf du stolz bist und wofür du dich schämst, und ich sage dir, wer du bist, wofür du stehst und wo du hinwillst. Das gilt nicht nur für Konfis, sondern für ganze Gesellschaften und Kulturen. Stolz und Scham sind zentrale Gefühle, die z. B. über die Werbung auch kommerziell genutzt werden.

Stolz und Scham können sich – nicht nur bei Jugendlichen – auf (sportliche, musikalische, schulische ...) Leistungen richten, auf ihr Aussehen und ihre Klamotten, auf ihre technisch-mediale Ausstattung, auf Zugehörigkeit zu Familien, Cliquen, Nationen, ihre Mannschaften und Errungenschaften, auf moralisch integres Verhalten. Es ist mit jeder Konfi-Gruppe neu spannend, danach zu suchen, worauf sie stolz sind und wofür sie sich schämen. In dieser Suche steckt zugleich die Frage nach dem inneren Kompass, nach »richtiger und falscher« Scham als Hüterin der Würde des Menschen (Wurmser 1996, S. 64), nach stärkendem, gerechtfertigtem und falschem oder überheblichem Stolz, nach dem, woraufhin ich lebe. Gerade in diakonischen Projekten haben wir öfter erlebt, dass Konfis anschließend besonders hervorheben, dass es ein gutes Gefühl gibt, »einfach mal etwas Gutes zu tun«. Offenbar brauchen nicht nur Jugendliche etwas, worauf sie stolz sein können im Leben, das das eigene Selbstwertgefühl stärkt. Wenn das gesellschaftliche Umfeld und dessen Werte-Kompass ihnen nicht solche, sondern eher Beschämungserfahrungen bieten, ist die Gefahr eines Rückgriffes auf nationale Zugehörigkeit – für die man nichts kann – oder (selbst-)zerstörerische Akte, die immerhin Handlung statt Ohnmacht und Sichtbarkeit statt Unsichtbarkeit ermöglichen, groß.

Eine ambivalente Erfahrung in Bezug auf Stolz und Scham macht der reiche Jüngling in der Begegnung mit Jesus. Seine Ziele sind das ewige Leben und »gut« zu sein: »Guter Meister, was soll ich tun, damit ich das ewige Leben erbe?« (Mk 10,17) Er ist zu Recht und – kniend – in keiner Weise überzogen stolz darauf, die 10 Gebote bisher gehalten zu haben. In der markinischen Überlieferung zeigt sich Jesus durchaus berührt von diesem jungen Mann: »Jesus sah ihn an und gewann ihn lieb.« (Mk 10,21) Was Jesus dann aber verlangt, überfordert – und beschämt – ihn, weil er sich nicht von seinem Besitz trennen kann, »denn er hatte viele Güter«. In dieser wie in vielen Jesusgeschichten öffnet Jesus einen Handlungsspielraum, indem er den wunden Punkt trifft, überfordert und zugleich Hoffnung lässt: »Bei den Menschen ist's unmöglich, aber nicht bei Gott; denn alle Dinge sind möglich bei Gott« (Mk 10,27), dem allein das Prädikat »gut« zukommt. In der Geschichte drückt sich die Erfahrung eines ethisch radikalen Anspruchs aus, der eigene Grenzen spüren lässt, dabei aber weder Beziehung abschneidet, noch Hoffnungs- und Entwicklungsräume verschließt. Die Begegnungsgeschichte kann so bis heute und vielleicht gerade heute heilsam verstören.

Methodisch möchten wir den Konfis zunächst die Möglichkeit geben, symbolisch geschützt einen eigenen Ausdruck zu finden für das, worauf sie stolz sind und wofür sie sich schämen. Wir tun dies über symbolische Gegenstände für eigene Erfahrung von Stolz und Scham und das Medium Fotografie[39]. Diese

---

39 In dieser Einheit greifen wir einige Anregungen aus der Zusammenarbeit mit der Hamburger Fotokünstlerin Valerie Wagner auf (Franke 2017).

Symbolisierungen bringen wir ins Gespräch mit den Erfahrungen von Stolz und Scham des reichen Jünglings und seinem Ziel, das ewige Leben zu ererben – ebenfalls konzentriert in fotografierten symbolischen Gegenständen. Wir betonen angesichts des auch sehr persönlichen Themas »Stolz und Scham« gerade in der Foto-Kunst-Ausstellung am Ende den deutungsoffenen Kunstcharakter und würdigen die Kunstwerke, ohne in Einzelbesprechungen zu gehen.

Ablauf der Einheit

Symbolische Gegenstände zu Stolz und Scham mitbringen

Die Konfis werden vor der Einheit eingeladen, je einen Gegenstand mitzubringen, der für sie etwas damit zu tun hat, worauf sie stolz sind und wofür sie sich manchmal schämen. Ebenso sollen sie eine Digitalkamera (Smartphone mit Mailmöglichkeit, Digicam mit Speicherkarte …) mitbringen. In der Gruppe wird vorher besprochen, wer welche Fotomöglichkeit mit welchen Speichermedien mitbringen kann und wer eventuell ein Gerät von der Gemeinde oder aus dem Team braucht. Für die Einheit sollten alle einen funktionsfähigen (geladen, freier Speicher) Apparat zur Verfügung haben, mit dem per Mail oder Speicherkarte Fotos an einen PC mit Drucker im Konfi-Raum oder Büro geschickt werden können.

Ablauf der ersten 90-Minuten-Einheit

Vorstellungsrunde mit Gegenständen (10 Min.)

> In unserem Fotoprojekt soll es um Scham und Stolz gehen: Worauf sind wir stolz? Wofür schämen wir uns manchmal? Dafür habt ihr symbolische Gegenstände mitgebracht. Wir werden sie fotografieren und uns mit einer biblischen Geschichte beschäftigen, in der es auch um Scham und Stolz geht, und ebenso zu dieser Geschichte Fotos machen. Am Ende wird eine kleine Ausstellung unserer Fotos für die Gruppe stehen.

In der Gruppe werden kurz die symbolischen Gegenstände für Stolz und Scham vorgestellt und auf das Tuch in der Mitte gelegt. Niemand soll jetzt die damit verbundene Geschichte oder Bedeutung erzählen. Für alle an diesem Tag gemachten Fotos gilt, dass niemand die Fotos der Gegenstände ohne Erlaubnis der Abgebildeten weiterverbreitet und auch sonst keine Fotos, die an diesem Tag entstehen.

Brainstorming »Stolz« und »Scham« (10 Min.)

Auf je einem Tisch liegt ein Flipchart-Blatt mit Stiften. Auf einem steht »Worauf Menschen stolz sind«, auf dem anderen »Wofür man sich manchmal schämt«.

Es wird zu einem schriftlichen stummen Gespräch in zwei Gruppen eingeladen. Nach 5 Minuten wechseln die Gruppen die Tische und ergänzen.

Einführung Fotografie (10 Min.)
Zunächst werden die Geräte, sofern möglich, auf schwarz-weiß und die höchste Auflösungsmöglichkeit eingestellt. Am Flipchart wird gesammelt, was zu einem guten Foto gehört: Schärfe, Schärfentiefe (bei besseren Kameras möglich), Wichtiges im Vordergrund, Licht, dynamische Bildgestaltung z. B. nach dem Goldenen Schnitt.

Erprobungsphase (Partnerarbeit) (40 Min.)
Zu zweit machen die Konfis Fotos von ihrem Stolz- und ihrem Scham-Symbolgegenstand und probieren – immer auf die jeweilige Ansage hin – aus:
- Gegenstand im Licht vor einem Hintergrund: Drehen und Wirkung unterschiedlicher Beleuchtung und Perspektive testen,
- Mitte oder Goldenen Schnitt testen, verschiedene Hintergründe und Entfernungen zum Hintergrund …,
- Gegenstand in Verbindung mit einem eigenen Körperteil (Hand …),
- Gegenstand an einem besonderen Ort im Haus oder nach Absprache auf dem Gelände: Welcher Ort könnte zu meinem Stolz- oder Scham-Symbolgegenstand passen, ihn in ein besonderes Licht setzen?

Auswahl je eines Fotos (10 Min.)
Beraten vom Partner wählen alle jeweils ein Foto des Stolz- und ein Foto des Scham-Symbolgegenstandes aus. Wer mag, kann jetzt dem Partner erzählen, warum er diesen Gegenstand ausgewählt hat.

Die Konfis mailen ihre beiden Fotos an den Zentralcomputer oder bringen ihre Speicherkarte dorthin. Die Fotodatei sollte jeweils als Namen »Stolz-Vorname«/»Scham-Vorname« bekommen.

Feedback zur Stunde und Ausblick (10 Min.)
Neben dem Feedback wird ein kurzer Ausblick auf die nächste Einheit gegeben, wieder mit Fotoapparat/Smartphone zum Thema »Stolz und Scham«. Diesmal in der Begegnung mit einer biblischen Figur – und einer großen Ausstellung der Werke. Vor der nächsten Einheit werden alle Stolz-/Scham-Gegenstandsfotos möglichst auf DIN A3 ausgedruckt und auf einer Wäscheleine mittig im Raum aufgehängt. Dabei sind alle Stolz-Fotos von einer Seite aus zu sehen, alle Scham-Fotos jeweils als Rückseite dahinter.

Ablauf der zweiten 90-Minuten-Einheit

Ankommensphase mit erster unkommentierter »Werkschau« (5 Min.)

Zu Beginn ist kurz Zeit, die aufgehängten Fotos zu betrachten, auf die später genauer eingegangen wird.

Jesus und der reiche Jüngling (Vierergruppen) (40 Min.)

Die Konfis bekommen in Vierergruppen Kopien des Textes, den sie lesen. Für Verständnisfragen können Leitung und Team angefragt werden.

Die Gruppe soll drei Fragen für sich beantworten:
1. Was ist das Ziel des jungen Mannes? Was will er?
   Die Gruppe vervollständigt hierzu den Satz »Was soll ich tun, um …« mit eigenen Worten auf einer Karte (Gruppenname klein darunter).
2. Worauf ist er stolz oder könnte er stolz sein?
3. Wofür schämt er sich? Warum geht er gesenkten Hauptes davon?

Die Gruppe wählt dann einen Stolz- und einen Scham-Symbolgegenstand für den reichen Jüngling und fotografiert beide. Je ein Foto wird ausgewählt und als Datei (Gruppenname-Reicher_Juengling) an die Druckstation gegeben zusammen mit der Karte.

Während der Gruppenarbeit werden die Ausdrucke zu den Symbolgegenständen der Konfis auf einer Wäscheleine mittig im Raum aufgehängt. Dabei sind alle Stolz-Fotos von einer Seite aus zu sehen, alle Scham-Fotos jeweils als Rückseite dahinter. Ebenso wird mit den Gruppenarbeitsfotos zum Reichen Jüngling verfahren.

Titel und Ausstellung (40 Min.)

Im Plenum ist zunächst Zeit für alle, noch einmal die eigenen Fotos anzuschauen und für sich zu bedenken:

> Wenn ich in dieser Hinsicht stolz bin und mich für dieses manchmal schäme, was ist mir dann eigentlich wichtig? Was ist mein Ziel oder meine Frage? Der Reiche Jüngling fragte: »Was soll ich tun, um das ewige Leben zu ererben?« Wie wäre meine Frage? Schreibt eine Vervollständigung des Satzes »Was soll ich tun, um …?« zu eurem Stolz- und Scham-Symbolgegenstandsfoto und klammert sie als Titel über eure Fotos.

Anschließend wird feierlich die Ausstellung eröffnet, am besten mit einem kleinen Getränk in der Hand und einer kleinen Ansprache zu den wunderbaren Fotokunstwerken zum Thema »Stolz und Scham«. Zunächst ist Zeit für eigene

Entdeckungen zu Vorder- und Rückseiten und Titeln, für Nachfragen zu einzelnen Kunstwerken.

Danach stellt sich die Gruppe zunächst vor die Stolz-Bilder:

Was fällt auf? Gibt es Unterschiede/Übereinstimmungen zu den Fotos zum Reichen Jüngling? Was habe ich über Stolz entdeckt? …

Dann geht es weiter zu den Scham-Bildern:

Was fällt auf? Gibt es Unterschiede/Übereinstimmungen zu den Fotos zum Reichen Jüngling? Was habe ich über Scham entdeckt? …

Am Ende – wieder vor den Stolz-Bildern – wandert der Blick noch einmal auf die Titel:

Welche Ziele/Satzvervollständigungen stecken in unseren Bildern? Was fällt auf? Gibt es Unterschiede/Übereinstimmungen zum Ziel des Reichen Jünglings? Ist das ewige Leben nur für die, die alles teilen?

Feedback zur ganzen Einheit (5 Min.)

5.23 Tod und Trauer | Kreuz und Auferstehung | Erlebnisraum gestalten[40]

Rahmenbedingungen

> Zeit: 60 Minuten
> Raum: Am besten eine ganze Etage mit der Möglichkeit, mehrere »Räume« wie z. B. Treppenhaus, Kammer, Terrasse, verschiedene Ecken mit zu nutzen
> Organisationsform: Als Einzelstunde oder auf einem Konfi-Tag möglich. Diese Einheit setzt die Kenntnis der Passions- und Ostergeschichte voraus, ist also etwa die zweite Einheit zum Thema, geeignet in der letzten Stunde vor Ostern oder zum Ewigkeitssonntag.
> Material:
> – Bibel (Mk 15–16)
> – Alles, was das Haus hergibt: Tische, Stühle, Stellwände, verschiedene Gegenstände aus Saal, Kammer und Küche …
> – verschiedenfarbige Tücher, Klebeband, Bänder
> – DIN-A4-Zettel und Filzstifte

Gedanken zu Lebensthema, Bibeltext und Methodenwahl

Der Tod und das Gefühl angesichts des Todes, die Trauer, sind so starke Themen, dass es fast schwerfällt, mit Konfis dazu zu arbeiten. Ein Besuch beim Bestatter und auf dem Friedhof können das schwere Thema greifbar machen, indem man es nicht tabuisiert, sondern ins Leben holt. Die Teilnahme oder Mitwirkung an einem Jugendkreuzweg kann die Auseinandersetzung fördern.

Wenn ein Konfi persönlich von Trauer betroffen ist, ist es schwer, in der Gruppe darüber zu reden. Jeder muss den Schutz haben, eigene Trauergefühle nicht thematisieren zu müssen. Andererseits kann gerade in dieser geschützten Gruppe ein guter Rahmen sein, über etwas zu reden, was man sonst nicht tut.

Eine eigene Trauererfahrung oder auch die Angst, einen geliebten Menschen durch Tod zu verlieren, schwebt immer über dieser Thematik, auch wenn es hier um Jesus geht. »Kreuz« und »Auferstehung« als zentrale christliche Themen haben einerseits den (historischen) Hergang der Passionsgeschichte und die Kreuzigung zum Inhalt, andererseits die starke Symbolkraft der Hoffnungsdimension, die mit der Ostergeschichte verbunden ist. Die Gegenüberstellung von Kreuz und Auferstehung, Tod und Leben, Dunkelheit und Licht kann so symbolisch zum Ausdruck kommen. Mit solch einer Symbolkraft spielt die

---

40 Zur Erlebnisraumgestaltung siehe auch PTZ Stuttgart (Hg.) (2011), S. 67–73.

Gestaltung von Erlebnisräumen, in denen etwas ohne Worte zum Ausdruck gebracht wird und erlebt werden kann.

Einen Erlebnisraum zu gestalten, bedeutet, einen Ort zu schaffen, an dem andere Menschen, die unvorbereitet hineingehen, eine Erfahrung machen können, aus der heraus sich ihnen das Thema erschließt. Denn es gibt dort etwas zu sehen oder zu tun, das ein Gefühl vermittelt. Deshalb sind dafür besonders Themen geeignet, die abstrakte symbolhafte Motive haben (weniger handlungsorientierte Geschichten), z. B. »Glaube – Hoffnung – Liebe«, »Das Glaubensbekenntnis« oder eben auch »Kreuz und Auferstehung«. Hier kann einem Trauergefühl und der Hoffnung Ausdruck gegeben werden, ohne konkrete Lebenssituationen zu beschreiben.

Ablauf der Einheit

Hinführung zum Thema »Tod und Auferstehung« (10 Min.)
- Erinnern der Geschichte von Kreuzigung und Auferstehung Jesu (evtl. ausschnittweise lesen Mk 15–16)
- Gefühle nennen, die mit diesen beiden Seiten verbunden sein können
- Assoziationen dazu sammeln, z. B. Symbole, Farben

Gestaltung von Erlebnisräumen zu Tod und Auferstehung (25 Min.)
In Kleingruppen mit max. fünf Konfis wird je ein begehbarer Erlebnisraum zu »Tod« und »Auferstehung« gestaltet mit Requisiten, die man im Haus vorfindet.

Es gilt die Regel: Man darf nichts zerstören und muss hinterher alles wieder zurückbringen.

Zunächst soll sich die Gruppe darüber austauschen, welche Erfahrung sie mit dem Raum ausdrücken möchte. Danach überlegt sie, wie er gestaltet werden könnte. (Bei sehr großer Gruppe evtl. für einen Raum entscheiden, damit die Begehung nicht zu lange dauert.)

Begehung der Räume (15 Min.)
Alle besuchen nacheinander entweder einzeln oder als Gruppe alle Räume (dies kann je nach Raum unterschiedlich angelegt sein und ist von der gestaltenden Gruppe zu entscheiden).

Neben den »Ausgang« des Raumes wird je ein DIN-A4-Zettel und Filzstifte gelegt. Nach dem Herausgehen schreibt jeder einen Gedanken zu der Erfahrung, die er im Raum gemacht hat, auf.

Reflexion (10 Min.)

Gemeinsam werden die Zettel zu »Tod« und »Auferstehung« gelesen und besprochen.

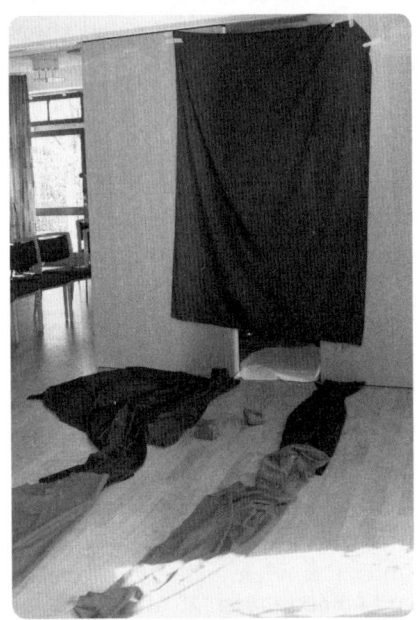

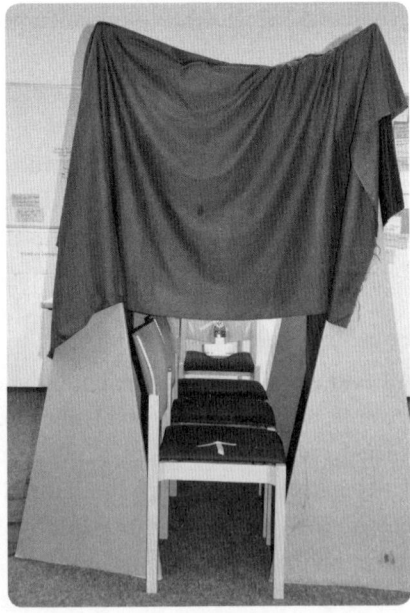

5.24 Vertrauen | Sinkender Petrus | Bibliolog

Rahmenbedingungen

Zeit:	60 Minuten
Raum:	Stuhlkreis
Organisationsform:	Einzelstunde
Material:	Bibel (Mt 14,22-33)

Gedanken zu Lebensthema, Bibeltext und Methodenwahl

Vertrauen ist bei Konfis zunächst einmal ein relativ greifbares Gefühl, das sich oft einer konkreten Situation zuordnen lässt: Welcher Person kann ich vertrauen, dass sie meine Geheimnisse nicht weitererzählt?

Jeder Mensch braucht Vertrauen – in sich selbst, in andere Menschen und das ganze Umfeld –, wir möchten uns sicher fühlen. Wenn das Urvertrauen gestört wird durch Erfahrungen von Gewalt oder Vernachlässigung, kann ein Mensch später Bindungsstörungen haben. Vertrauen in allen Beziehungen ist wichtig, zwischen Eltern und Kindern, unter Freunden und in einer Liebesbeziehung. Wir möchten uns darauf verlassen können, dass der andere uns nicht belügt, nicht betrügt und nicht weitererzählt, was wir ihm anvertrauen. Konfis erleben Vertrauen oft gekoppelt mit Misstrauen oder Erfahrungen von missbrauchtem Vertrauen. Vertrauensvolle Beziehungen außerhalb des Elternhauses sind oft noch sehr zerbrechlich. Wenn da jemand ist, auf den ich mich verlassen kann, erlebe ich Vertrauen.

Glaubenserfahrung lässt sich auch mit Vertrauen umschreiben. Wenn Jesus zeigt, dass er da ist, und seine Hand hinhält, wenn jemand zu sinken droht, ist das ein Zeugnis davon, dass man sich auf ihn verlassen kann. Der ängstliche, mutige, zweifelnde und sinkende Petrus ist ein Beispiel für Gefühlsschwankungen und dann die Glaubensaussage: »Du bist wahrhaftig Gottes Sohn!« (Mt 14,33)

Um Konfis mit dieser Geschichte in Berührung zu bringen, wählen wir eine vereinfachte Version des Bibliologs, da sich hier Rollen anbieten, in die man sich hineinversetzen kann, und verschiedene Aspekte von Vertrauen, Angst, Zweifel und Glauben erfahrbar werden können. Wir vereinfachen die Methode des Bibliologs hier und verzichten auf das klassische Echoing. Wir lassen die Worte der Konfis ohne Wiederholung und unkommentiert stehen. Bei möglichen Wertungen, Unklarheiten, Rollendiffusionen oder Aussagen, die gegen den Text stehen, lesen wir noch einmal die Verse vor und fragen als Interviewing nach.[41]

Ablauf der Einheit

Hinführung in die Methode »Bibliolog« und zum Text (10 Min.)

Eine Bibelgeschichte wird gelesen. Zwischendurch wird gestoppt, ihr alle werdet gebeten, euch in eine Rolle hineinzuversetzen. Eine Frage an die Rolle wird gestellt. Wer möchte, antwortet aus der Rolle heraus. Es gibt kein Richtig und Falsch, jeder, der möchte, darf antworten. Es gibt viele mögliche Antworten hintereinander.

- Rückfragen zum Ablauf beantworten.
- Öffnen der Bibel. Kontext erzählen und in die biblische Situation einführen.

Bibliolog (ca. 20 Min.)

Beispiel für mögliche Textabschnitte und Fragen:
Matthäus 14,22–24 lesen, dann folgt die erste Frage:

Du bist (ihr alle seid) einer der Jünger: Was bewegt dich jetzt?
V. 25–26: Du bist wieder einer der Jünger. Wie geht es dir jetzt?
V. 27: Du, Jünger: Was lösen die Worte von Jesus in dir aus?
V. 28–31: Du bist Petrus. Du bist auf dem Wasser gegangen und dann gesunken. Mit Jesus frage ich: Ja, warum hast du gezweifelt?
V. 32: Und nochmal Petrus: Was denkst du jetzt über Jesus?
V. 33: Du bist einer der Jünger: Was ist jetzt dein Glaube?

Deroling

Aus der Rolle treten, aufstehen, sich drehen, schütteln, sich auf einen neuen Platz setzen

Reflexion (15 Min.)

- Text noch einmal lesen
- Wie war es, sich in die Rollen hineinzuversetzen?
- Was ist dir an dieser Geschichte wichtig geworden?
- Was ist Vertrauen?

---

41 Zur Methode »Bibliolog« siehe Pohl-Patalong (2013). Um einen Bibliolog anzuleiten, sollte man eine entsprechende Fortbildung besucht haben. Siehe unter www.bibliolog.de.

Vertrauensübung (15 Min.)

Im engen Kreis stehen. Wer möchte, darf probieren, sich steif nach hinten fallen zu lassen. Die anderen fangen sie auf (an den Schultern und Oberkörper stützen) und stellen sie wieder auf die Füße.

5.25 Wut | Arche Noah | Arbeit mit fiktiven Figuren

Rahmenbedingungen

Zeit: 60 Minuten

Raum: Stuhlkreis mit viel Platz auf dem Boden für drei Gruppen, um körpergroße Umrissfiguren auf Papierbögen malen zu können

Organisationsform: 60-Minuten-Einheit als Einzelstunde oder im Rahmen eines Wochenendes

Material:
- 3 × menschengroße Papierbögen (Tapete/Packpapier)
- Permanentmarker, Ölkreiden
- Bibeltext, Kopien für alle mit den folgenden Versen: Genesis 6,5-7 (Gottes Sintflutbeschluss) und Genesis 8,20-22; 9,12-17 (Gottes Reue und neuer Bund mit Regenbogen)

Gedanken zu Lebensthema, Bibeltext und Methodenwahl

Wut war im kirchlichen Kontext lange Zeit nicht sehr angesehen und eher unterschwellig wirksam. Zu einer normalen Identitätsentwicklung in der Adoleszenz gehören auch aggressive Impulse, die in ihrer Wirkung erleben lassen, dass es außerhalb meiner Selbst andere Wesen mit eigenem Recht gibt und nicht nur alles eine Art Selbsterfahrung ist (Winnicott 2002, S. 101–110). Mitunter geraten wir auch als Unterrichtende in solche Dynamiken und stehen vor der Herausforderung, Grenzen zu halten, ohne uns zu rächen.

Wut kann auch aus Frustrationen heraus entstehen, wenn etwas immer wieder nicht gelingt. (Narzisstische) Wut ist oft auch eine Abwehr von Scham. Beschämt zu werden oder nicht wahrgenommen zu werden, kann so unerträglich sein, dass ich mich entweder verstecke oder zurückschlage und mich dann vielleicht schuldig mache, aber mich immerhin nicht mehr so ohnmächtig fühle. (Heiliger) Zorn und Scham können in gewisser Weise durchaus »ethische Gefühle« sein als Reaktion auf die Erfahrung von Unrecht und Ungerechtigkeit. Wut kann also vielfältige Ursachen und Hintergründe haben. Für die Jugendlichen bleibt eine Frage dabei, wie sie damit produktiv und nicht nur (selbst-)zerstörerisch umgehen können.

In dieser Einheit wählen wir den geschützten Raum fiktiver Figuren, um eigene Erfahrungen mit Wut einbringen zu können, und setzen diese in Verbindung mit einer biblischen Geschichte, in der eine Erfahrung zum Ausdruck kommt, die Gott selbst mit seiner Wut gemacht hat: die Erzählung von der Sintflut und der Arche Noah, in der Gott am Ende seinen Wutausbruch bereut und »um der Menschen willen« nicht noch einmal seiner Wut freien

Lauf lassen will. Er setzt sich den Regenbogen als Erinnerungszeichen und Wutbremse in den Himmel für die Momente, in denen er wieder Donnergrollen spürt.

Die Geschichte der Arche Noah bringt so eine Gotteserfahrung zum Ausdruck, in der wir Gott alles – auch unsere Wut – zumuten können in der Gewissheit, dass er das aushält.

Ablauf der Einheit

Körperumrissfigur »Wut« (10 Min.)

Wir werden uns heute mit Wut beschäftigen, wo wir sie spüren, wann wir sie spüren, was man damit machen kann und was Gott damit gemacht hat.

In drei Gruppen (A, B, C) – nach Möglichkeit eine reine Jungen- und eine reine Mädchengruppe dabei – malen die Konfis auf einem körpergroßen Papierblatt (Tapeten- oder Zeitungsrolle/Packpapier) eine Körperumrissfigur (Jungen einen Jungen/Mädchen ein Mädchen), in deren Haltung bereits Wut zum Ausdruck kommen soll. Dann markieren sie mit roter Ölkreide Körperzonen, in denen wir/ihre Jugendliche/ihr Jugendlicher Wut körperlich spüren. Dabei können Redewendungen helfen (»Ich hab'… so'n Hals! … so'ne Fresse! … 'ne Faust!«). Anschließend »er-finden« sie ihre Fantasiefigur weiter und schreiben entsprechend in die Umrissfigur hinein:

Wie heißt er/sie? Warum ist er/sie so wütend? Was hat das mit seinem/ihrem Leben zu tun? Wie sieht er/sie aus? Was macht er/sie gern? Was nicht? Was macht er/sie, wenn ihn/sie die Wut packt?

Vorstellung der Figuren (15 Min.)

Die Gruppen stellen nacheinander ihre Figuren vor. Dabei weiß Gruppe A schon, dass sie später die Figur von Gruppe B (Gruppe B Figur C; Gruppe C Figur A) beraten soll. In der Vorstellung äußern die anderen zunächst, was sie wahrnehmen und assoziieren. Die gestaltende Gruppe ergänzt, was sie darstellen wollten.

Im Blick auf die drei Figuren wird benannt, was auffällt:

Was ist gleich? Was unterschiedlich? Gibt es besondere Unterschiede zwischen weiblichen und männlichen Figuren?

Die Geschichte der Arche Noah und Gottes Erfahrung mit Wut (10 Min.)

Die Arche-Noah-Geschichte wird im Plenum erzählt, wobei die Vorkenntnisse der Konfis einbezogen werden können. Als Textblattkopie stehen die folgenden Verse zur Verfügung, die gelesen werden: Gen 6,5–7 (Gottes Sintflutbeschluss) und Gen 8,20–22; 9,12–17 (Gottes Reue und neuer Bund mit Regenbogen):

Wie geht es Gott nach der Sintflut? Wird er nie wieder Wut bekommen? Was nimmt er sich vor? Wie will er mit seiner Wut umgehen?

Beratergruppen für die Wut-Figuren (10 Min.)

Nachdem die Gruppen noch einmal einen Blick auf die Wut-Figur geworfen haben, die sie gleich beraten sollen, ziehen sie sich zurück. Jede Gruppe schreibt aus der Perspektive Gottes mit seinen Erfahrungen aus der Arche-Noah-Geschichte einen Brief an die jeweilige Umrissfigur, wie sie mit ihrer Wut umgehen kann, und schickt ihn an die entsprechende Gruppe.

Wut-Gebete (10 Min.)

Die Gruppen lesen die »Briefe Gottes« an ihre Umrissfigur und diskutieren sie. Dann schreiben sie aus der Perspektive ihrer Umrissfigur ein kurzes (Antwort-)Gebet an Gott.

Abschluss-Gebet (5 Min.)

Zum Abschluss werden die drei Wut-Gebete im Plenum gelesen bzw. gebetet. Gemeinsam wird mit Vaterunser und Segen geschlossen. Dieser Teil kann auch in das übliche Abschlussritual integriert werden.

Feedback zur Einheit (5 Min.)

Welchen Gedanken nehme ich mit zu »Wut«? Welchen zu Gott?

Danksagung

Wir bedanken uns ganz herzlich bei Konfis, Teamern, Pastorinnen, Diakonen und Gemeindepädagoginnen aus vielen Kirchengemeinden in der Nordkirche, mit denen wir die Einheiten für dieses Buch in den letzten Jahren erprobt haben: u. a. aus den Kirchengemeinden in Altengamme, Breklum, Flensburg, Lübeck, Meiendorf-Oldenfelde, Nordschleswig und Plön und auf Konfi-Tagen des Kirchenkreises Lübeck-Lauenburg. Für eure Mitwirkung, Rückmeldungen und das Einverständnis für Fotos danken wir herzlich!

Unser Dank gilt auch allen, mit denen wir zusammenarbeiten konnten: Künstlerinnen und Künstlern, Kolleginnen und Kollegen aus dem bundesweiten Netzwerk Konfirmandenarbeit (ALPICA KA) und aus der Jugendarbeit in der Nordkirche, die uns inspiriert haben, sowie den Teilnehmenden unserer Kurse über Konfirmanden- und Teamerarbeit im Rahmen des PTI der Nordkirche, denen wir Reflexionen, Praxisbeispiele und ihre eigenen Erfahrungen verdanken!

Rainer Franke und Astrid Thiele-Petersen

Literatur

Die Bibel. Nach Martin Luthers Übersetzung. Lutherbibel revidiert 2017, Jubiläumsausgabe, Deutsche Bibelgesellschaft, 2017.

Zur Einleitung und allgemein zur Konfirmandenarbeit

Handbuch und Studien zur Konfirmandenarbeit

Ebinger, T./Böhme, T./Hempel, M./Kolb, H./Plagentz, A. (Hg.) (2018): Handbuch Konfi-Arbeit, Gütersloh.
Schweitzer, F./Maaß, Chr./Lißmann, K./Hardecker, G./Ilg, W. (2015): Konfirmandenarbeit im Wandel – Neue Herausforderungen und Chancen. Perspektiven aus der zweiten bundesweiten Studie, Reihe Konfirmandenarbeit erforschen und gestalten, Band 6, Gütersloh.
Schweitzer, F./Maaß, Chr./Lißmann, K./Hardecker, G./Ilg, W. (2016): Jugendliche nach der Konfirmation – Glaube, Kirche und eigenes Engagement – eine Längsschnittstudie. Konfirmandenarbeit erforschen und gestalten, Band 8, Gütersloh.
Simojoki, H./Ilg, W./Schlag, Th./Schweitzer, F. (2018): Zukunftsfähige Konfirmandenarbeit. Empirische Erträge – theologische Orientierungen – Perspektiven für die Praxis. Reihe Konfirmandenarbeit erforschen und gestalten, Band 12, Gütersloh.

Exemplarisch zur Konfirmandenarbeit

Franke, R./Thiele-Petersen, A. (Hg.) (2018): Das Neue TeamerHandBuch. Für Ehrenamtliche in der Konfirmandenarbeit, Gütersloh.
Gäfgen-Track, K./Haeske, C./Martini, U./Nord, I. (Hg): KU-Praxis. Für die Arbeit mit Konfirmandinnen und Konfirmanden (Schriftenreihe), Gütersloh.
Hübner, R./Langbein, E. (1997): Biblische Geschichten in der Konfirmandenarbeit. leibhaft glauben lernen. Modelle mit Ansätzen des Bibliodramas und des Bibeltheaters, Hamburg.
Kessler, H.-U./Nolte, B. (2009): Konfis auf Gottsuche. Praxismodelle für eine handlungsorientierte Konfirmandenarbeit, Gütersloh.
PTZ Stuttgart (Hg.): ANKNÜPFEN – Praxisideen für die Konfirmandenarbeit. (Schriftenreihe), Stuttgart.

Zu Kapitel 1: Lebensrelevanz in der Konfi-Arbeit

Bollas, Chr. (1997): Der Schatten des Objektes. Das ungedachte Bekannte. Zur Psychoanalyse der frühen Entwicklung, Stuttgart.
Erikson, E. H. (1966): Identität und Lebenszyklus. Frankfurt am Main.
Franke, R. (2018a): Störungen verstehen und nutzen. In: Th. Ebinger/Th. Böhme/M. Hempel/ H. Kolb/A. Plagentz (Hg.): Handbuch Konfi-Arbeit (S. 217–225), Gütersloh.
Franke, R. (2018b): Ehrenamtliche in der Konfi-Arbeit. In: Th. Ebinger/Th. Böhme/M. Hempel/ H. Kolb/A. Plagentz (Hg.): Handbuch Konfi-Arbeit (S. 113–124), Gütersloh.
Franke, R./Flügger, B./Friedrichs-Warnke, K. (2016): »Frag-würdige« Lebensrelevanz der Konfirmandenzeit. In: T. Böhme/A. Plagentz/K. Steffen, K. (Hg.): Konfirmandenarbeit – Konfirmation – Konfirmandenteam: Empirische Einsichten, Praxis und Perspektiven einer nachhaltigen Konfirmandenarbeit. Dokumentation der 2. Bundesweiten Fachtagung zur Konfirmandenarbeit, 9. und 10. November 2016, Haus Villigst (Schwerte) (S. 37–41), Münster.
Franke, R./Thiele-Petersen, A. (Hg.) (2018): Das Neue TeamerHandBuch. Für Ehrenamtliche in der Konfirmandenarbeit, Gütersloh.
Garz, D. (2008), Sozialpsychologische Entwicklungstheorien: Von Mead, Piaget und Kohlberg bis zur Gegenwart (4. Aufl), Wiesbaden.
Hauschildt, E./Pohl-Patalong, U. (2013): Kirche, Gütersloh.
Knapp, N. (2015): Pubertät als Kreativlabor. In: Knapp, N.: Der unendliche Augenblick. Warum Zeiten der Unsicherheit so wertvoll sind, (S. 77–103), Reinbek.
Kohlberg, L. (1996): Die Psychologie der Moralentwicklung, Berlin.
Mehn, J. (2009): Jean Piagets Stufenmodell der kognitiven Entwicklung in der Pädagogik: Wichtige Erkenntnisse für die Erziehung, München.
Odenthal, A. (2007): »Kritische Interrelation« von Lebens-Erfahrung und Glaubens-Tradition? Überlegungen zu einem Diktum von Edward Schillebeeck im Hinblick auf einen symboltheoretischen Ansatz als integratives Paradigma der Liturgiewissenschaft. ThQ 188, 54–77.
Piaget, J. (1973): Einführung in die genetische Erkenntnistheorie, Berlin.
Scharfenberg, J./Kämpfer, H. (1980): Mit Symbolen leben, Freiburg.
Schlag, Th. (2018): Konfi-Arbeit als unübersehbare Provokation für eine zukunftsfähige Kirche, in: Th. Ebinger/Th. Böhme/M. Hempel/H. Kolb/A. Plagentz (Hg.): Handbuch Konfi-Arbeit (S. 493–500), Gütersloh.
Steinmeier, A. (1998): Wiedergeboren zur Freiheit. Skizzen eines Dialogs zwischen Theologie und Psychoanalyse, Göttingen.
Theißen, G. (2003): Zur Bibel motivieren. Aufgaben, Inhalte und Methoden einer offenen Bibeldidaktik, München.
Wahl, H. (2008): LebensZeichen von Gott – für uns. Analysen und Impulse für eine zeitgemäße Sakramentenpastoral, Berlin.
Wahl, H. (1994): Glaube und symbolische Erfahrung. Eine praktisch-theologische Symboltheorie, Freiburg.
Wahl, H. (1999): Symbolische Erfahrung: umgestaltete Beziehungserfahrung. Skizze einer psychoanalytisch fundierten Symboltheorie, in: WzM 51, 447–462.
Wölfel, E. (1981): Welt als Schöpfung, München.

Zu Kapitel 2: Biblische Geschichten, christliche Traditionen und Rituale in der Konfirmandenarbeit

Evangelische Kirche in Deutschland (Hg.) (2010): Kirche und Jugend. Lebenslagen, Begegnungsfelder, Perspektiven, Gütersloh.
Franke, R. (2011): Ein besonderer Ort in einer besonderen Zeit. Taufen auf dem Konficamp, in: KU-Praxis 56, 44–45.
Franke, R. (2012): Anregungen zur Beteiligung und Hinführung von Konfirmand_innen im Sonntags-Gottesdienst, in: KU Praxis 57, Begleit-CD. Erweiterte Fassung zugänglich über: http://gottesdienstinstitut-nordkirche.de/beteiligung-von-konfirmand_innen-am-sonntagsgottesdienst/ (Zugriff 3.12.2018)
Freud, S. (1900): Die Traumdeutung, Ges.W. Studienausgabe Band 2 (2000), Frankfurt a. M.
Freud, S. (1927): Die Zukunft einer Illusion, Ges.W. Studienausgabe Band 9 (2000), Frankfurt a. M. S. 139–189.
Garscha, J. (2012): Zugang zum Gemeindegottesdienst finden. Erfahrungsorientierte Einführung in das Gottesdienstgeschehen, in: KU Praxis 57, 17–19.
Grünwaldt, K./Hahn, U. (Hg.) (2004): Bildung als religiöse und ethische Orientierung, VELKD, Lutherisches Kirchenamt, Hannover.
Meyer, K. (2012): Wie die Konfis zur Kirche kommen, Göttingen
Rosenow, G. (2016): Individuelles Symbolisieren. Zugänge zu Religion im Kontext von Konfessionslosigkeit, Leipzig.
Scharfenberg, J./Kämpfer, H. (1980): Mit Symbolen leben, Freiburg.
Theißen, G. (2003): Zur Bibel motivieren. Aufgaben, Inhalte und Methoden einer offenen Bibeldidaktik, München.
Theißen, G. (1978): Argumente für einen kritischen Glauben. Oder: Was hält der Religionskritik stand?, München.
Theißen, G./Merz, A. (2001): Der historische Jesus. Ein Lehrbuch (3. Aufl.), Göttingen.
Thiele-Petersen, A. (2018): Bibliotanz. Biblische Texte im Tanz erleben. Das Praxisbuch, Neukirchen-Vluyn.
Wagner-Rau, U. (2000): Segensraum. Kasualpraxis in der modernen Gesellschaft, Stuttgart.

Zu Kapitel 3: Der Ansatz erfahrungsorientierter Methoden mit Konfis

Aigner, M. E. (2015): Bibliodrama und Bibliolog als pastorale Lernorte, Stuttgart.
Baltus, E./Vagt, A./Langbein, E. (2000): Erfahrungsorientierte Bibelarbeit, Hamburg.
Boal, A. (2013): Theater der Unterdrückten, Übungen und Spiele für Schauspieler und Nicht-Schauspieler (6. Aufl.), Frankfurt a. M.
Ebinger, Th./Haller, J./Sohn, St. (2018): Tool-Pool. 180 bewährte und neue Methoden für die Konfi- und Jugendarbeit, Stuttgart.
Franke, R./Thiele-Petersen, A. (Hg.) (2018): Das Neue TeamerHandBuch. Für Ehrenamtliche in der Konfirmandenarbeit, Gütersloh.
Hübner, R./Langbein, E. (1997): Biblische Geschichten in der Konfirmandenarbeit. leibhaft glauben lernen. Modelle mit Ansätzen des Bibliodramas und des Bibeltheaters, Hamburg.
Kammerer, St. (o.J.): Thema: Bibel. Bibelausgaben selbst gestalten, in: https://www.die-bibel.de/media/articles/pdf/Anleitung_Bibelausgaben_zum_Selbstgestalten.pdf (Zugriff am 27.1.2019)

Martin, G.M. (1995): Sachbuch Bibliodrama. Praxis und Theorie, Stuttgart.
Pitzele, P. (1998): Scripture Windows, Toward a Practice of Bibliodrama, Los Angeles.
Pohl-Patalong, U. (2013): Bibliolog. Impulse für Gottesdienst, Gemeinde und Schule, Band 1 (3. Aufl.) + Band 2 (2. Aufl.), Stuttgart.
Rosa, H. (2018): Resonanz. Eine Soziologie der Weltbeziehung, Berlin.
Schweiker, W. (2012): Arbeitshilfe Religion inklusiv. Grundstufe und Sek I, Einführung, Grundlagen und Methoden, Stuttgart.
Thiele-Petersen, A. (2018): Bibliotanz. Biblische Texte im Tanz erleben. Das Praxisbuch, Neukirchen-Vluyn.
Warns, N.E./Fallner, H. (Hg.) (1999): Bibliodrama als Prozess, Band 1+2, Berlin.

Zu Kapitel 4: Vorbereitung einer erfahrungsorientierten Konfi-Einheit: 7 Schritte vom Thema zum Stundenverlauf

Freudenberger-Lötz, P. (2012): Theologische Gespräche mit Jugendlichen. Erfahrungen – Beispiele – Anleitungen. Ein Werkstattbuch für die Sekundarstufe, München.
Kolb, H. (2018): Theologisieren in der Konfi-Zeit. In: Th. Ebinger/Th. Böhme/M. Hempel/H. Kolb/A. Plagentz (Hg.): Handbuch Konfi-Arbeit (S. 190–198), Gütersloh.
Martin, G.M. (1995): Sachbuch Bibliodrama. Praxis und Theorie, Stuttgart.
Schweitzer, F./Maaß, Chr./Lißmann, K./Hardecker, G./Ilg, W. (2016): Jugendliche nach der Konfirmation. Glaube, Kirche und eigenes Engagement – eine Längsschnittstudie. Konfirmandenarbeit erforschen und gestalten, Band 8, Gütersloh.

Zu Kapitel 5: Entwürfe für Konfi-Stunden zu Erfahrungswelten Jugendlicher

Altmannsperger, D. (2018): Barfuß die Bibel entdecken: Kooperative Abenteuerspiele für die kirchliche und schulische Praxis, Neukirchen-Vluyn.
Bauks, M./Koenen, K. (Hg.): Das wissenschaftliche Bibellexikon im Internet (WiBiLex), https://www.bibelwissenschaft.de/wibilex/ (Zugriff am 15.12.2018)
Grzywatz, B. (2018): https://www.berthold-grzywatz.de/skulpturen/skulptur/einsamkeit-2018/ (Zugriff am 11.12.2018)
De Freitas, St. (2018): Porter sa voix. S'affirmer par la parole, Paris.
Franke, R. (2010a): Was ist gerecht? Ein Konfirmandentag zum Thema Gerechtigkeit. In: Kirche für Klima – die Klimakampagne der Nordelbischen Kirche (Hg.): Klima und Schöpfung. Materialien für die Konfirmandenarbeit (S. 23–33), Hamburg.
Franke, R. (2010b): 10 Gebote für den blauen Planeten. Ein Tag mit Konfirmandinnen und Konfirmanden zur Bedrohung und Bewahrung der Schöpfung. In: Kirche für Klima – die Klimakampagne der Nordelbischen Kirche (Hg.): Klima und Schöpfung. Materialien für die Konfirmandenarbeit (S. 34–38), Hamburg.
Franke, R. (2015): Verborgene Scham im Kontext von Destruktivität und Schuld. Psychodynamik eines Interviewrollenspieles mit Konfirmand_innen zur Erzählung von Kain und Abel, in: WzM 67/2, 165–181.
Franke, R. (2017a): Krieg in der Familie. Ein Interviewrollenspiel zu Kain und Abel (Doppelstunde), in: KU-Praxis 62, 14–16.

Franke, R. (2017b): Was mir heilig ist – Familie. Ein Konfirmandentag als Fotografie-Projekt mit der Hamburger Fotokünstlerin Valerie Wagner, in: KU-Praxis 62, 54–55.
Franke, R. (2018a): Störungen verstehen und nutzen. In: Th. Ebinger/Th. Böhme/M. Hempel/H. Kolb/A. Plagentz (Hg.): Handbuch Konfi-Arbeit (S. 217–225), Gütersloh.
Hüsch, H.-D. (2007): Das Schwere leicht gesagt, Freiburg.
Kämpfer, H. (2006): Nun sag, wie hast du's mit der Religion?, in: WzM 481 58, 428–440.
Kugler, F.: Künstler, http://www.skulpturen.org/kuenstler/ (Zugriff am 11.12.2018)
Mentzos, S. (2013): Lehrbuch der Psychodynamik: Die Funktion der Dysfunktionalität psychischer Störungen, Göttingen.
Moltmann, J. (1985): Gott in der Schöpfung. Ökologische Schöpfungslehre (2. Aufl.), München.
Müller-Weith, D./Dudek, N./Wührl-Struller, K. (Hg.) (2014): Dramatherapeutische Praxis. Eine Übungssammlung, Berlin.
PTZ Stuttgart (Hg.) (2011): ANKNÜPFEN – Update 6, Praxisideen für die Konfirmandenarbeit. Erlebnisorientierte Konfirmandenarbeit, Stuttgart.
Quigley, A./Eckert, E. (1992): There Is A Longing/Da wohnt ein Sehnen, in: Böhlemann, P. u. a. (2011): Das Liederbuch. lieder zwischen himmel und erde, Düsseldorf.
Rosenberg, M.B. (2009): Gewaltfreie Kommunikation (8. Aufl.), Paderborn.
Schroer, S./Staubli, T. (1998): Die Körpersymbolik der Bibel, Darmstadt.
Schwaderer, U./Wiedmayer, J./Wöhrbach, S. (2018): Sinn gesucht – Gott erfahren 3. Erlebnispädagogik in zeitbegrenzten Räumen mit christlichem Kontext, Stuttgart.
Seiler, D. (1996): Frühe Schicksale des Glaubens. Überlegungen zur fides infantium, in: WzM 48/1, S. 70–95.
Studienzentrum für evangelische Jugendarbeit in Josefstal e. V.: Bibliolog Netzwerk, https://www.bibliolog.de (Zugriff am 15.12.2018)
Theißen, G. (1984): Biblischer Glaube in evolutionärer Sicht, München.
Thiele-Petersen, A. (2018): Bibliotanz. Biblische Texte im Tanz erleben. Das Praxisbuch, Neukirchen-Vluyn.
Winnicott, D.W. (2002): Vom Spiel zur Kreativität (10. Aufl), Stuttgart.
Wurmser, L. (1996): Scham.: In: EKL 4, 4. Aufl. (S. 63–66), Göttingen.

Register

Jugendthemen	Kapitel
Ablösung	5.1
Anerkennung	5.2
Angst	5.3
Außenseiter	5.4
Beziehungen	5.5
Einsamkeit	5.6
Eltern	5.7
Erfolg und Scheitern	5.8
Frieden	5.9
Geborgenheit	5.10
Gefühle	5.11
Gemeinschaft	5.12
Identität	5.13
Körper	5.14
Krankheit	5.15
Liebe	5.16
Mobbing	5.17
Natur und Mensch	5.18
Schuld	5.19
Sehnsucht	5.20
Selbstbewusstsein	5.21
Stolz und Scham	5.22
Tod und Trauer	5.23
Vertrauen	5.24
Wut	5.25

Bibelstellen | Kapitel

Bibelstellen	Kapitel
Gen 1	5.18
Gen 4,1–16	5.2
Gen 7–9	5.25
Gen 29	5.5
Ex 3,1–4,17	5.21
Lev 19,18	5.9
Ps 11,5	5.9
Ps 17,6	5.11
Ps 29,11	5.9
Ps 31,8	5.11
Ps 37,37	5.9
Ps 42,4	5.11
Ps 46,10	5.9
Ps 47,2	5.11
Ps 55	5.11
Ps 57,8	5.11
Ps 66,16	5.11
Ps 77,4	5.11
Ps 77,5	5.11
Ps 86,7	5.11
Ps 88,2	5.11
Ps 109,24	5.1
Ps 139	5.10
Ps 147,10	5.9
Ps 150,4	5.11
Jes 45,6–8	5.9
Mi 4,3–4	5.9
Mt 5,1–10	5.20
Mt 5,9	5.9
Mt 5,43–44	5.9
Mt 7,12	5.9
Mt 14,22–33	5.24
Mk 10,17–27	5.22
Mt 22,37–39	5.16
Mt 26,17–29	5.8
Mt 26,52	5.9
Mk 1,9–11	5.13

Mk 4,35–41	5.3
Mk 14,27–31.66–72	5.19
Mk 14,32–42	5.6
Mk 15–16	5.23
Lk 2,41–52	5.7
Lk 15,11–32	5.1
Lk 18,35–43	5.15
Lk 19,1–10	5.4
Joh 8,2–11	5.9; 5.16
Apg 2,42–47	5.12
Röm 1,7	5.9
Röm 12,21	5.9
1. Kor 6,19	5.14
1. Kor 12,12–31	5.14
1. Kor 13,1–13	5.16
1. Joh 4,7–21	5.16

Biblische Themen	Kapitel
Abendmahl	5.8
Allgegenwart Gottes	5.10
Arche Noah	5.25
Auferstehung (und Kreuz)	5.23
Berufung Mose	5.21
Blindenheilung	5.15
Ehebrecherin	5.17
Frieden	5.9
Gebete (in diversen Psalmen)	5.11
Gemeinde, erste zu Pfingsten	5.12
Gethsemane, Jesus in	5.6
Jakob, Lea und Rahel	5.5
Kain und Abel	5.2
Kreuz (und Auferstehung)	5.23
Leib und Glieder	5.14
Liebe	5.16
Reicher Jüngling	5.22
Schöpfung	5.18
Seligpreisungen	5.20

Sinkender Petrus	5.24
Sturmstillung	5.3
Taufe (Jesu)	5.13
Verleugnung	5.19
Verlorener Sohn	5.1
Zachäus	5.4
Zwölfjähriger Jesus	5.7

Methoden	Kapitel
Bewegung und Tanz	5.10
Bibeltheater	5.1
Bibelvers im Karton	5.9
Bibliodrama-Elemente	5.17
Bibliolog	5.24
Brief schreiben	5.21; 5.25
Erlebnisraum gestalten	5.23
Fiktive Figuren	5.25
Fotografie	5.22
Interviews mit Bibelfiguren	5.4
Interview-Rollenspiel mit GfK-Fragen	5.8
Körperausdruck	5.11
Körperwahrnehmung	5.14
Kooperationsübungen	5.12
Kunstobjekt gestalten	5.6
Kunstwerk mit der Gruppe gestalten	5.18
Malen, freies, kreatives	5.13
Maldialog mit der Gruppe	5.20
Nacherleben einer Bibelgeschichte	5.15
Poetry-Slam	5.16
Rollenarbeit	5.5
Rollenspiel und Freeze	5.3
Standbilder	5.2
Übermalungen	5.7
Video drehen	5.19

JUGENDLICHE AUF SPURENSUCHE

Expeditionen ins Leben
Entdecken, was wirklich zählt

Im Auftrag der Kirchenleitung der Vereinigten Evangelisch-Lutherischen Kirche Deutschlands (VELKD) herausgegeben von Elisabeth Lange, Friedemann Müller, Georg Raatz.
2018. 160 Seiten, mit 59 Abbildungen, inklusive Kartenset (32 Blatt), Paperback
ISBN 978-3-525-69008-6

eBook:
ISBN 978-3-647-69008-7

Mit diesem Buch begeben sich Jugendliche auf Expedition. Allein oder als Gruppe spüren sie wichtige Themen ihres Lebens auf. Sie bereiten sich vor, packen zusammen, was sie für die Reise benötigen, und machen sich auf in das Abenteuer »Leben«.

Die Jugendlichen nähern sich acht zentralen Lebensthemen durch mal tiefsinnige und schlaue, mal witzige und provokante Texte, Worte bekannter Persönlichkeiten, Bilder sowie Lieder und Bibeltexte. Methodische Anregungen für die einzelnen Leserinnen und Leser sowie für christliche Jugendgruppen ermöglichen, auf kreative Weise Stellung zu beziehen, Fragen zu formulieren und zu erforschen, was das eigene Leben mit all dem zu tun hat.

Die Vielfalt der Methoden erlaubt es, die jeweiligen Kapitel auf mehrere Gruppentreffen auszuweiten. Als Zusatzmaterial stehen für die spielerische Auseinandersetzung Rollenkarten zur Verfügung.

 Vandenhoeck & Ruprecht Verlage
www.vandenhoeck-ruprecht-verlage.com

INNOVATIVE UND KREATIVE METHODEN FÜR DIE KONFIRMANDENARBEIT

Christian Butt | Olaf Trenn (Hg.)
Einfach mal machen
Außergewöhnliche Ideen für die Arbeit mit Konfirmandinnen und Konfirmanden
2018. 190 Seiten, mit 7 Abb., kartoniert
ISBN 978-3-525-61623-9

eBook:
ISBN 978-3-647-61623-0

Das Buch fordert auf, innovative Methoden »einfach mal« in die eigene Konfirmandenarbeit einzubinden und auszuprobieren. Es liefert dazu außergewöhnliche, aber zugleich machbare Ideen – mal sehr schnell und leicht umsetzbar, mal etwas herausfordernder. Die zwanzig enthaltenen Konzepte bilden dabei ein breites methodisches Spektrum ab, nehmen erlebnispädagogische Aspekte auf, nutzen moderne Medien, sind subjektorientiert und beziehen auch die gesellschaftspolitische Ebene mit ein. Das Buch kann somit all denjenigen, die in der Konfirmanden- und kirchlichen Jugendarbeit tätig sind, ein wertvoller Begleiter werden. Sie erhalten Bausteine für eine abwechslungsreiche, kreative Arbeit mit Jugendlichen. Pastorinnen, Pfarrer, Vikarinnen und Vikare haben die einzelnen Ideen und Konzepte entwickelt und in der Praxis erprobt.

Vandenhoeck & Ruprecht Verlage
www.vandenhoeck-ruprecht-verlage.com